EL LIBRO DEL
CEMENTERIO

Segundo volumen

EL LIBRO DEL CEMENTERIO

SEGUNDO VOLUMEN

Basado en la novela de: NEIL GAIMAN

Adaptación: P. CRAIG RUSSELL

Ilustraciones: DAVID LAFUENTE SCOTT HAMPTON
P. CRAIG RUSSELL KEVIN NOWLAN GALEN SHOWMAN

Color: LOVERN KINDZIERSKI

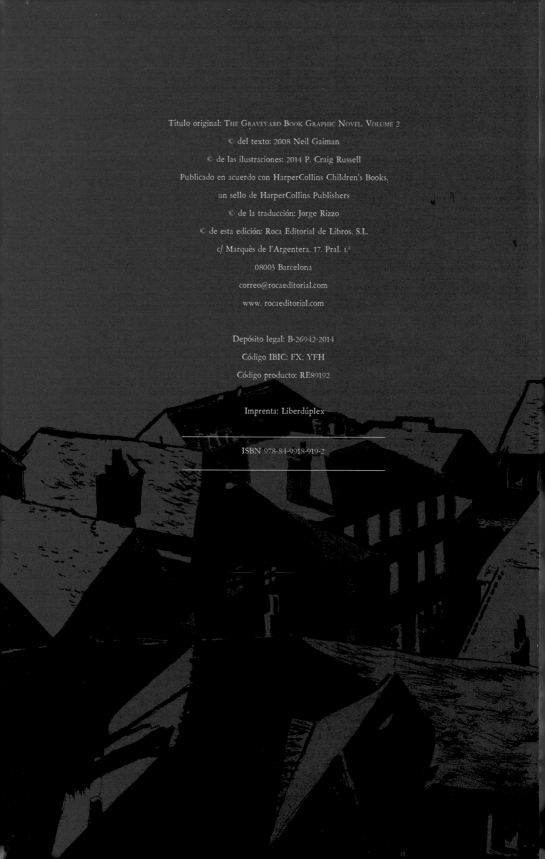

Título original: The Graveyard Book Graphic Novel, Volume 2

© del texto: 2008 Neil Gaiman

© de las ilustraciones: 2014 P. Craig Russell

Publicado en acuerdo con HarperCollins Children's Books,

un sello de HarperCollins Publishers

© de la traducción: Jorge Rizzo

© de esta edición: Roca Editorial de Libros, S.L.

c/ Marquès de l'Argentera, 17. Pral. 1.ª

08003 Barcelona

correo@rocaeditorial.com

www. rocaeditorial.com

Depósito legal: B-26942-2014

Código IBIC: FX; YFH

Código producto: RE89192

Imprenta: Liberdúplex

ISBN 978-84-9918-919-2

Para Brooke y Andrew, Jadon y Josiah, y Naomi y Emmeline
(y mi más sincero agradecimiento a Galen Showman y Scott Hampton por su inestimable ayuda)
—P.C.R.

6
Los días de colegio de Nadie Owens

Ilustraciones de David Lafuente

Llovía en el cementerio: el mundo, encharcado, estaba cubierto de reflejos borrosos. Nad estaba sentado, escondido de cualquiera —vivo o muerto— que pudiera venir a buscarle, bajo el arco que separaba el paseo egipcio de la maleza del noroeste, ajeno al resto del cementerio, leyendo su libro.

¡MALDITO SEAS! ¡MALDITO SEAS, Y QUE TE REVIENTEN LOS OJOS!

THACKERAY PORRINGER (1720-1734, HIJO DEL ANTERIOR), LLEGÓ PATEANDO CON FUERZA POR EL RESBALADIZO PASEO. ERA UN MUCHACHO MUY CORPULENTO: TENÍA CATORCE AÑOS EN EL MOMENTO DE SU MUERTE, TRAS SUFRIR UNA NOVATADA DE INICIACIÓN COMO APRENDIZ DE PINTOR.

CUANDO TE COJA, Y TE COGERÉ... HARÉ QUE MALDIGAS EL DÍA EN QUE NACISTE.

¡VAYA!

LE HABÍAN DADO OCHO PENIQUES DE COBRE Y LE HABÍAN DICHO QUE NO REGRESARA HASTA ENCONTRAR MEDIO GALÓN DE PINTURA ROJA Y BLANCA A RAYAS PARA PINTAR LOS POSTES DE BARBERO.

AQUELLA MAÑANA LLUVIOSA DE ENERO THACKERAY SE PASÓ CINCO HORAS YENDO DE UNA TIENDA A OTRA DE LA CIUDAD. EN TODAS SE REÍAN DE ÉL Y LUEGO LE ENVIABAN A LA SIGUIENTE.

CUANDO SE DIO CUENTA DE QUE LE HABÍAN TOMADO EL PELO, SUFRIÓ UNA GRAVE APOPLEJÍA QUE SE LO LLEVÓ AL OTRO MUNDO EN MENOS DE UNA SEMANA.

MURIÓ MIRANDO FURIOSAMENTE A LOS OTROS APRENDICES E INCLUSO AL SEÑOR HORROBIN, EL MAESTRO PINTOR.

¡NO VEO A QUÉ SE DEBE TANTO JALEO! YO LO PASÉ MUCHO PEOR CUANDO ERA APRENDIZ.

ASÍ QUE THACKERAY PORRINGER FUE ENTERRADO CON SU ÚNICA POSESIÓN, UN EJEMPLAR DE *ROBINSON CRUSOE*.

¡AH!

¡AU!

¡OH! ¿HOLA?

LA SEÑORITA EUPHEMIA HORSFALL Y TOM SANDS LLEVABAN SALIENDO JUNTOS A PASEAR MUCHOS AÑOS. TOM HABÍA MUERTO DURANTE LA GUERRA DE LOS CIEN AÑOS CON FRANCIA, MIENTRAS QUE LA SEÑORITA EUPHEMIA (1861-1883. DUERME, SÍ, PERO DUERME CON LOS ÁNGELES) HABÍA SIDO ENTERRADA EN LA ÉPOCA VICTORIANA. LA PAREJA NO PARECÍA TENER PROBLEMAS CON LA DIFERENCIA ENTRE SUS RESPECTIVAS ÉPOCAS HISTÓRICAS.

PERO AÚN ES DE DÍA.

NOS LO HEMOS ENCONTRADO VARIAS VECES Y NOS HA DICHO QUE TE AVISÁRAMOS SI TE VEÍAMOS.

GRACIAS.

LA PUERTA DE LA CAPILLA ESTABA ABIERTA, Y SILAS, A QUIEN NO LE GUSTABA DEMASIADO LA LLUVIA NI LA LUZ DEL ATARDECER, SE ENCONTRABA EN EL INTERIOR.

DEBERÍAS IR MÁS DESPACIO, JOVEN NAD. TE PUEDES LASTIMAR.

YA LO HAS HECHO. TU MADRE TENDRÁ UNAS PALABRAS CONTIGO.

Y TU TUTOR ANDABA BUSCÁNDOTE.

ME HAN DICHO QUE ME BUSCABAS.

PARECE QUE TE HAS ROTO LOS PANTALONES.

ESTABA CORRIENDO.

HUM... ME HE ENZARZADO EN UNA PEQUEÑA DISPUTA CON THACKERAY PORRINGER. QUERÍA LEER *ROBINSON CRUSOE*...

ES UN LIBRO SOBRE UN HOMBRE QUE VA EN UN BOTE, QUE ES UNA COSA QUE VA POR EL MAR, QUE ES AGUA, COMO UN CHARCO ENORME... Y EL BOTE NAUFRAGA EN UNA ISLA, QUE ES UNA COSA CON TIERRA FIRME EN EL MAR Y...

HAN PASADO ONCE AÑOS, NAD. LLEVAS ONCE AÑOS ENTRE NOSOTROS.

YA. BUENO, SI TÚ LO DICES.

CREO QUE ES HORA DE QUE HABLEMOS DE DÓNDE VINISTE.

NAD RESPIRÓ HONDO, CON EL CORAZÓN GOLPEÁNDOLE EN EL PECHO.

SILENCIO. SOLO EL SONIDO DEL AGUA Y EL RUIDO DEL AGUA AL CAER POR LAS TUBERÍAS. UN SILENCIO QUE SE ALARGÓ TANTO QUE NAD TUVO LA IMPRESIÓN DE QUE SE ROMPERÍA.

NO HACE FALTA QUE SEA AHORA. VAMOS, SI NO QUIERES.

TÚ SABES QUE ERES DIFERENTE. QUE ESTÁS VIVO. QUE TE TRAJIMOS... QUE TE *TRAJERON*... Y QUE YO ACCEDÍ A SER TU TUTOR.

TENÍAS PADRES. UNA HERMANA MAYOR. LOS MATARON. CREO QUE TAMBIÉN QUERÍAN MATARTE A TI, Y QUE NO MORISTE POR PURA CASUALIDAD Y POR LA INTERVENCIÓN DE LOS SEÑORES OWENS.

Y POR LA TUYA.

... 5 ...

ESA PERSONA QUE MATÓ A MI FAMILIA, LA QUE ME QUIERE MATAR... ¿ESTÁS *SEGURO* DE QUE SIGUE AHÍ FUERA?

SÍ. SIGUE AHÍ FUERA.

ENTONCES QUIERO IR AL COLEGIO.

¿QUÉ?

HE APRENDIDO MUCHAS COSAS EN EL CEMENTERIO. SÉ APARECERME COMO UN FANTASMA, ABRIR LA PUERTA DE LOS GHOULS, Y CONOZCO LAS CONSTELACIONES. PERO AHÍ FUERA HAY UN MUNDO LLENO DE COSAS QUE NO SÉ, Y TENDRÉ QUE SABER MÁS SI QUIERO SOBREVIVIR EN ÉL UN DÍA.

NI HABLAR. AQUÍ PODEMOS MANTENERTE A SALVO. ¿CÓMO ÍBAMOS A PROTEGERTE AHÍ FUERA? PODRÍA PASARTE CUALQUIER COSA.

SÍ. ESE ES EL POTENCIAL DEL QUE HABLABAS.

ALGUIEN MATÓ A MI MADRE, MI PADRE Y MI HERMANA.

SÍ, ES CIERTO.

¿UN HOMBRE?

UN HOMBRE.

LO QUE SIGNIFICA QUE ESTÁS PLANTEANDO LA PREGUNTA EQUIVOCADA.

¿CÓMO?

SI SALGO AL MUNDO EXTERIOR, LA PREGUNTA NO ES QUIÉN ME PROTEGERÁ DE ÉL.

¿NO?

NO. ES QUIÉN LO PROTEGERÁ A ÉL DE MÍ.

LA LLUVIA HABÍA CESADO Y LA LUZ ENTRE LAS NUBES HABÍA DADO PASO A LA PENUMBRA.

TENDREMOS QUE ENCONTRARTE UN COLEGIO.

NADIE SE FIJÓ EN EL CHICO, AL MENOS AL PRINCIPIO. NADE SE FIJÓ SIQUIERA EN QUE NO SE HABÍAN FIJADO EN ÉL.

SE SENTABA HACIA EL FINAL DE LA CLASE. NO RESPONDÍA A MENOS QUE LE PREGUNTARAN DIRECTAMENTE, Y AUN ASÍ SUS RESPUESTAS ERAN CORTAS Y NADA DESTACABLES.

CADA VEZ PASABA MÁS DESAPERCIBIDO.

SALA DE PROFESORES.

¿CREE QUE SU FAMILIA SERÁ RELIGIOSA?

¿LA DE QUIÉN?

OWENS, EN 8º B.

¿EL CHICO ALTO Y DISTRAÍDO?

NO TANTO. DE ALTURA MEDIA, MÁS BIEN.

¿QUÉ LE PASA?

LO ESCRIBE TODO A MANO. TIENE UNA CALIGRAFÍA PRECIOSA. COMO DE IMPRENTA.

¿Y ESO TIENE QUE VER CON LA RELIGIÓN?

DICE QUE NO TIENEN ORDENADOR.

¿Y?

TAMPOCO TELÉFONO.

NO VEO POR QUÉ ESO LE CONVIERTE EN UNA PERSONA RELIGIOSA.

ES UN CHICO LISTO. PERO HAY COSAS QUE NO SABE. Y EN HISTORIA, INTRODUCE DETALLES INVENTADOS, COSAS QUE NO ESTÁN EN LOS LIBROS.

¿QUÉ TIPO DE COSAS?

EL SEÑOR KIRBY ACABÓ DE CORREGIR LA REDACCIÓN DE NAD. SIN NADA FÍSICO DELANTE QUE LE RECORDARA A NAD, DE PRONTO TODO AQUELLO PARECIÓ PERDER IMPORTANCIA.

COSAS.

Y SE OLVIDÓ DEL TEMA.

DEL MISMO MODO QUE SE LE OLVIDÓ INTRODUCIR EL NOMBRE DE NAD EN LA LISTA. DEL MISMO MODO QUE EL NOMBRE DE NAD NO APARECÍA EN LAS BASES DE DATOS DE LA ESCUELA.

EL CHICO ERA UN ALUMNO MODÉLICO, OLVIDABLE Y BÁSICAMENTE OLVIDADO, Y PASABA GRAN PARTE DE SU TIEMPO LIBRE EN LA BIBLIOTECA DEL COLEGIO, UNA GRAN SALA LLENA DE LIBROS Y VIEJOS SOFÁS DONDE LEÍA HISTORIAS CON EL MISMO ENTUSIASMO CON QUE OTROS COMÍAN.

LOS OTROS CHICOS TAMBIÉN SE OLVIDABAN DE ÉL. CUANDO LO TENÍAN DELANTE NO, PERO CUANDO OWENS DESAPARECÍA DE SU VISTA, PRÁCTICAMENTE DESAPARECÍA DE SU MENTE.

ERA UNA PRESENCIA CASI FANTASMAGÓRICA.

AUNQUE SI LO TENÍAN DELANTE ERA DIFERENTE, CLARO.

NICK FARTHING TENÍA DOCE AÑOS, PERO PODÍA PASAR POR DIECISÉIS. SE LE DABA ESTUPENDAMENTE ROBAR EN LAS TIENDAS Y EJERCÍA MUY BIEN EL PAPEL DE MATÓN. NO LE IMPORTABA CAER MAL MIENTRAS LOS OTROS CHICOS, TODOS MÁS PEQUEÑOS, HICIERAN LO QUE ÉL DECÍA. TENÍA UNA AMIGA, MAUREEN QUILLING.

LLAMADME MO.

A NICK LE GUSTABA ROBAR, PERO MO LE DECÍA QUÉ COGER.

A NICK LE GUSTABA MALTRATAR E INTIMIDAR, PERO MO LE INDICABA A QUIÉN HABÍA QUE INTIMIDAR.

ERAN, COMO ELLA LE DECÍA A VECES...

UN EQUIPO PERFECTO.

ESTABAN SENTADOS EN UN RINCÓN DE LA BIBLIOTECA, REPARTIÉNDOSE LO QUE HABÍAN QUITADO A LOS CHICOS DE SÉPTIMO.

ESE TAL SINGH AÚN NO HA APOQUINADO. TENDRÁS QUE ENCONTRARLE.

SÍ. PAGARÁ.

¿QUÉ ES LO QUE MANGÓ? ¿UN CD?

SÍ.

BASTA CON QUE SEPA LO PELIGROSO QUE SERÍA QUE SE ENTERARAN.

FÁCIL.

SOMOS UN BUEN EQUIPO.

COMO BATMAN Y ROBIN.

COMO EL DOCTOR JEKYLL Y MISTER HYDE, MEJOR DICHO.

DE PRONTO ALGUIEN QUE ESTABA LEYENDO JUNTO A LA VENTANA SE LEVANTÓ Y SALIÓ DE LA SALA.

TÚ NIÉGATE. NO LO HAGAS.

ME *MATARÁN*.

Y DIJERON...

DILES QUE TE PARECE QUE A LA POLICÍA SEGURAMENTE LE INTERESARÁ MUCHO MÁS LA HISTORIA DE UN PAR DE CHAVALES QUE OBLIGAN A LOS PEQUEÑOS A ROBAR PARA LUEGO EXTORSIONARLES QUE LA DE UNO OBLIGADO A ROBAR UN CD CONTRA SU VOLUNTAD.

QUE SI TE VUELVEN A PONER LA MANO ENCIMA LLAMARÁS A LA POLICÍA. QUE LO TIENES TODO POR ESCRITO Y QUE SI TE OCURRE ALGO, TUS AMIGOS LLAMARÁN AUTOMÁTICAMENTE A LAS AUTORIDADES Y A LA POLICÍA.

PERO ES QUE NO PUEDO.

ENTONCES TENDRÁS QUE DARLES LA PAGA TODO EL TIEMPO QUE ESTÉS EN ESTE COLEGIO. Y SEGUIRÁN ASUSTÁNDOTE.

ASÍ QUE PAUL SINGH LE EXPLICÓ A NICK FARTHING CÓMO Y POR QUÉ NO LE PAGARÍA NUNCA MÁS.

... Y SE FUE.

Y AL DÍA SIGUIENTE, OTROS CINCO NIÑOS DE ONCE AÑOS LE DIJERON QUE QUERÍAN QUE LES DEVOLVIERA *SU* DINERO —*TODO*— O QUE IRÍAN A LA POLICÍA.

Y ENTONCES NICK FARTHING SE CONVIRTIÓ EN UN JOVENCITO *EXTREMADAMENTE* ENFADADO.

FUE *ÉL*. ÉL LO EMPEZÓ TODO. A ELLOS NUNCA SE LES HABRÍA OCURRIDO. ES A ÉL A QUIEN TENEMOS QUE ENSEÑARLE LA LECCIÓN. Y *TODOS* SE COMPORTARÁN.

¿QUIÉN?

EL QUE SIEMPRE ESTÁ LEYENDO. EL DE LA BIBLIOTECA. NAT OWENS. ÉL.

¿QUIÉN ES ESE?

YA TE LO ENSEÑARÉ.

NAD ESTABA ACOSTUMBRADO A PASAR DESAPERCIBIDO, A VIVIR SIEMPRE EN LA SOMBRA. CUANDO LO NATURAL ES QUE LA GENTE NO PONGA LOS OJOS EN TI, DETECTAS ENSEGUIDA A QUIEN TE MIRA ATENTAMENTE.

LO SIGUIERON AL SALIR DEL COLEGIO, POR LA CALLE...

... MÁS ALLÁ DEL QUIOSCO DE LA ESQUINA Y DEL PUENTE DEL FERROCARRIL.

SE TOMÓ SU TIEMPO PARA ASEGURARSE DE QUE LO SEGUÍAN A ÉL.

ENTRÓ EN EL PEQUEÑO CEMENTERIO AL FINAL DE LA CALLE Y ESPERÓ.

OS HE DADO UNA OPORTUNIDAD.

#@!⚡

¿ADÓNDE HA IDO? ESTABA AQUÍ. TÚ LO HAS VISTO.

NICK NO TENÍA MUCHA IMAGINACIÓN.

HABRÁ SALIDO CORRIENDO.

NO HA SALIDO CORRIENDO. HA DESAPARECIDO.

MO SÍ TENÍA IMAGINACIÓN, Y SE LE ESTABA ERIZANDO EL VELLO DE LA NUCA.

AQUÍ HAY ALGO QUE NO ME GUSTA NADA.

TENEMOS QUE SALIR DE AQUÍ.

EL MIEDO ES CONTAGIOSO. SE PEGA ENSEGUIDA. MO ESTABA ATERRADA, Y AHORA NICK TAMBIÉN.

CORRIERON HASTA LLEGAR A LA CASA DE NICK...

... ENTRARON Y ENCENDIERON TODAS LAS LUCES...

... Y MO LLAMÓ A SU MADRE Y LE PIDIÓ, CASI LLORANDO, QUE LA FUERA A RECOGER CON EL COCHE, PORQUE NO QUERÍA IR A PIE AQUELLA NOCHE.

GRACIAS. NUNCA HABÍA PROBADO LO DEL MIEDO CON PERSONAS VIVAS. BUENO, SABÍA LA TEORÍA, PERO *VAYA*...

ESO HA ESTADO MUY BIEN, QUERIDO. UNA BUENA DESAPARICIÓN, Y LUEGO EL MIEDO.

PUES HA FUNCIONADO. YO SOY AMABELLA PERSSON.

¿EL CHICO *VIVO*? ¿DEL GRAN CEMENTERIO DE LA COLINA? ¿DE *VERDAD*?

YO NAD. NAD OWENS.

HUM...

¡RODDY!

¡PORTUNIA!

¡VENID A VER QUIÉN ESTÁ AQUÍ!

AQUÍ EL MAESTRO OWENS ESTABA ASUSTANDO A UNOS NIÑOS QUE SIN DUDA SE LO MERECÍAN.

UN BUEN ESPECTÁCULO. UNOS PATANES DE CONDUCTA REPROBABLE, ¿EH?

SON ABUSONES. OBLIGAN A OTROS NIÑOS A QUE LES DEN LA PAGA, COSAS ASÍ.

UN SUSTO ASÍ SIN DUDA ES UN BUEN INICIO. ¿Y QUÉ HABÍAS PLANEADO SI NO FUNCIONABA?

LO CIERTO ES QUE NO LO HABÍA PENSADO...

YO TE SUGERIRÍA CAMINAR EN SUEÑOS; SIN DUDA ES EL REMEDIO MÁS EFICIENTE. *SABES* CAMINAR EN SUEÑOS, ¿NO?

NO ESTOY SEGURO.

EL SEÑOR PENNYWORTH ME ENSEÑÓ, PERO NUNCA... BUENO, HAY COSAS QUE SOLO SÉ EN TEORÍA...

CAMINAR EN SUEÑOS ESTÁ MUY BIEN, PERO... ¿PUEDO SUGERIRTE UNA *BUENA APARICIÓN*? ESE ES EL ÚNICO LENGUAJE QUE ENTIENDE ESTA GENTE.

¡OH!

¿UNA APARICIÓN? PORTUNIA, QUERIDA, PIENSO QUE NO...

NO PIENSES TANTO. ME SALE MEJOR A MÍ.

TENGO QUE IRME A CASA. ESTARÁN PREOCUPADOS.

UN PLACER CONOCERTE.

POR SUPUESTO.

QUE TENGAS BUENAS NOCHES, JOVEN.

PERDÓNAME LA PREGUNTA, PERO ¿CÓMO ESTÁ TU TUTOR?

¿SILAS? ESTÁ BIEN.

DALE RECUERDOS DE NUESTRA PARTE.

ME TEMO QUE UN PEQUEÑO CEMENTERIO COMO ESTE, BUENO... NUNCA LLEGAREMOS A CONOCER A UN MIEMBRO DE LA GUARDIA DE HONOR.

AUN ASÍ, ES BUENO SABER QUE ESTÁN AHÍ.

NAD NO TENÍA NI IDEA DE QUÉ ESTABA HABLANDO AQUEL HOMBRE, PERO LO ARCHIVÓ PARA OTRO MOMENTO.

SE LO DIRÉ.

BUENAS NOCHES.

IR AL COLEGIO CON LOS VIVOS NO EXCUSABA A NAD DE SUS CLASES CON LOS MUERTOS. AQUELLOS DÍAS EL SEÑOR PENNYWORTH NO TENÍA QUEJA. NAD ESTUDIABA DURO Y HACÍA PREGUNTAS. AQUELLA NOCHE LE PREGUNTÓ SOBRE LAS APARICIONES, MOSTRÁNDOSE CADA VEZ MÁS ESPECÍFICO Y EXASPERANDO AL SEÑOR PENNYWORTH, QUE NUNCA LAS HABÍA PRACTICADO PERSONALMENTE.

¿CÓMO CREO **EXACTAMENTE** UN PUNTO DE FRÍO EN EL AIRE?

CREO QUE YA DOMINO LO DEL **MIEDO**...

PERO ¿CÓMO PASO DEL MIEDO AL TERROR?

BUENO, EH...

EN FIN, TÚ...

OH, UMPFFF...

EL SEÑOR PENNYWORTH HIZO LO QUE PUDO PARA EXPLICÁRSELO, Y CUANDO ACABARON ERAN YA LAS CUATRO DE LA MAÑANA.

AL DÍA SIGUIENTE, EN EL COLEGIO, NAD ESTABA CANSADO. ESTABA HACIENDO ESFUERZOS POR PRESTAR ATENCIÓN A LA CLASE CUANDO ALGUIEN LLAMÓ A LA PUERTA.

EL SEÑOR KIRBY Y TODA LA CLASE SE GIRARON PARA VER QUIÉN ERA.

YO NO TE TENGO MIEDO.

MO QUILLING SE PLANTÓ ANTE NAD EN EL PASILLO.

ERES RARO. NO TIENES NI UN AMIGO.

NO VENGO A HACER AMIGOS. VENGO A APRENDER.

¿TE DAS CUENTA DE LO RARO QUE ES ESO? NADIE VIENE AL COLEGIO A *APRENDER*. O SEA, LA GENTE VIENE POR OBLIGACIÓN.

NO TE TENGO MIEDO. NO SÉ QUÉ TRUCO USASTE AYER, PERO A MÍ NO ME ASUSTAS.

VALE.

NAD SE PREGUNTÓ SI HABÍA COMETIDO UN ERROR IMPLICÁNDOSE. ESTABA CONVIRTIÉNDOSE EN UNA PRESENCIA, MÁS QUE EN UNA AUSENCIA. SILAS LE HABÍA ADVERTIDO DE QUE NO LLAMARA LA ATENCIÓN, QUE PASARA POR EL COLEGIO SIN DEJARSE VER MUCHO, PERO TODO AQUELLO ESTABA CAMBIANDO.

NO PUEDO CREERME QUE HAYAS SIDO TAN... TAN TONTO. ¡CON LO QUE INSISTÍ EN QUE PASARAS DESAPERCIBIDO, Y AHORA RESULTA QUE EN EL COLEGIO NO SE HABLA DE OTRA COSA!

BUENO, ¿QUÉ QUERÍAS QUE HICIERA?

ESTO NO, DESDE LUEGO. NO ES COMO ANTES, NAD. PUEDEN SEGUIRTE LA PISTA.

¿Y AHORA QUÉ HAGO?

NO VUELVAS. ESTO DEL COLEGIO HA SIDO UN EXPERIMENTO. ADMITAMOS QUE NO HA TENIDO ÉXITO.

NO ES SOLO POR APRENDER. ES TODO LO DEMÁS. ¿SABES LO QUE SIGNIFICA ESTAR EN UNA HABITACIÓN CON OTRAS PERSONAS QUE RESPIRAN?

ESO NUNCA ME HA PROPORCIONADO UN PLACER ESPECIAL. EN FIN.

MAÑANA NO VUELVES AL COLEGIO.

NO VOY A HUIR. NI DE MO, NI DE NICK, NI DEL COLEGIO. ANTES ME VOY DE AQUÍ.

HARÁS LO QUE SE TE DICE, CHICO.

¿Y SI NO?

¿QUÉ HARÁS PARA RETENERME?

¿MATARME?

DIO MEDIA VUELTA Y ECHÓ A ANDAR POR EL CAMINO QUE LLEVABA A LA PUERTA DEL CEMENTERIO.

SILAS SE ENVOLVIÓ EN SOMBRAS, COMO UN MANTO NEGRO, CON LA MIRADA PUESTA EN EL LUGAR POR DONDE SE HABÍA IDO EL CHICO, SIN DAR UN PASO PARA SEGUIRLE.

NICK FARTHING ESTABA EN SU CAMA, DORMIDO, SOÑANDO CON PIRATAS EN UN MAR AZUL, BAJO EL SOL, CUANDO DE PRONTO TODO SE TORCIÓ.

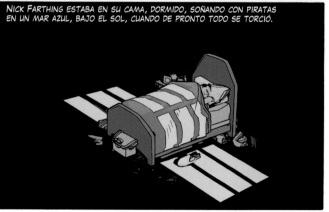

IMAGINABA QUE ERA EL CAPITÁN DE SU PROPIO BARCO PIRATA, UN LUGAR FELIZ, CON UNA TRIPULACIÓN FORMADA POR CHICOS DE ONCE AÑOS Y CHICAS TODAS UN AÑO O DOS MAYORES QUE NICK.

Y DE PRONTO...

Y ENTONCES, COMO SUCEDE EN LOS SUEÑOS, APARECIÓ SOBRE LA CUBIERTA NEGRA DE AQUEL NUEVO BARCO.

NO ME TIENES MIEDO.

¿CREES QUE ERES UN PIRATA, NICK?

TÚ ERES ESE CHICO.

NAT OWENS.

... 23 ...

PUEDE QUE SÍ. YA LO DESCUBRIRÁS, ¿NO?

NO, POR FAVOR, NO.

TODO DEPENDE DE TI, ¿VERDAD? CAMBIA DE ACTITUD...

... O VISITA LA BODEGA.

SE OYÓ UNA ESPECIE DE CORRETEO, Y LUEGO...

... NICK SE DESPERTÓ GRITANDO.

NAD SINTIÓ LA SATISFACCIÓN DEL TRABAJO BIEN HECHO.

NICK SE LO PENSARÍA DOS VECES ANTES DE ATORMENTAR A NIÑOS MÁS PEQUEÑOS.

HE DEJADO EL CEMENTERIO. PUEDO DEJAR EL COLEGIO. IRÉ A ALGÚN LUGAR DONDE NADIE ME CONOZCA Y ME SENTARÉ EN LA BIBLIOTECA TODO EL DÍA A LEER LIBROS.

ME PREGUNTO SI AÚN QUEDAN ISLAS DESIERTAS EN EL MUNDO, COMO LA DE ROBINSON CRUSOE.

PODRÍA IRME A VIVIR A UNA DE ELLAS.

¿VAS A HUIR, ENTONCES?

ESA ES LA DIFERENCIA ENTRE LOS VIVOS Y LOS MUERTOS, ¿NO?

HOLA, LIZA.

LOS MUERTOS NO TE FALLAN. YA HAN VIVIDO SU VIDA, HAN HECHO LO QUE TENÍAN QUE HACER. NOSOTROS NO CAMBIAMOS.

LOS VIVOS SIEMPRE DECEPCIONAN, ¿NO TE PARECE? CONOCES A UN CHICO VALIENTE Y NOBLE, Y AL FINAL RESULTA QUE HUYE.

¡ESO NO ES JUSTO!

EL NADIE OWENS QUE YO CONOCÍA NO ESCAPARÍA DEL CEMENTERIO SIN DESPEDIRSE SIQUIERA DE SUS SERES QUERIDOS. LE PARTIRÁS EL CORAZÓN A LA SEÑORA OWENS.

HE DISCUTIDO CON SILAS.

¿Y?

QUIERE QUE VUELVA AL CEMENTERIO Y QUE DEJE EL COLEGIO. DICE QUE ES DEMASIADO PELIGROSO.

¿POR QUÉ? ENTRE TU TALENTO Y MIS HECHIZOS PODEMOS HACER QUE NO TE VEAN.

ESTABA IMPLICÁNDOME DEMASIADO. LLAMABA LA ATENCIÓN.

ÉL SIGUE AHÍ FUERA Y TE QUIERE MUERTO. EL QUE MATÓ A TU FAMILIA.

EN EL CEMENTERIO QUEREMOS QUE VIVAS, QUE NOS SORPRENDAS, QUE NOS DECEPCIONES, QUE NOS IMPRESIONES, QUE NOS ASOMBRES.

VUELVE A CASA, NAD.

CREO... LE HE DICHO COSAS A SILAS... ESTARÁ ENFADADO.

SI SE DISGUSTA ES QUE SE PREOCUPA POR TI.

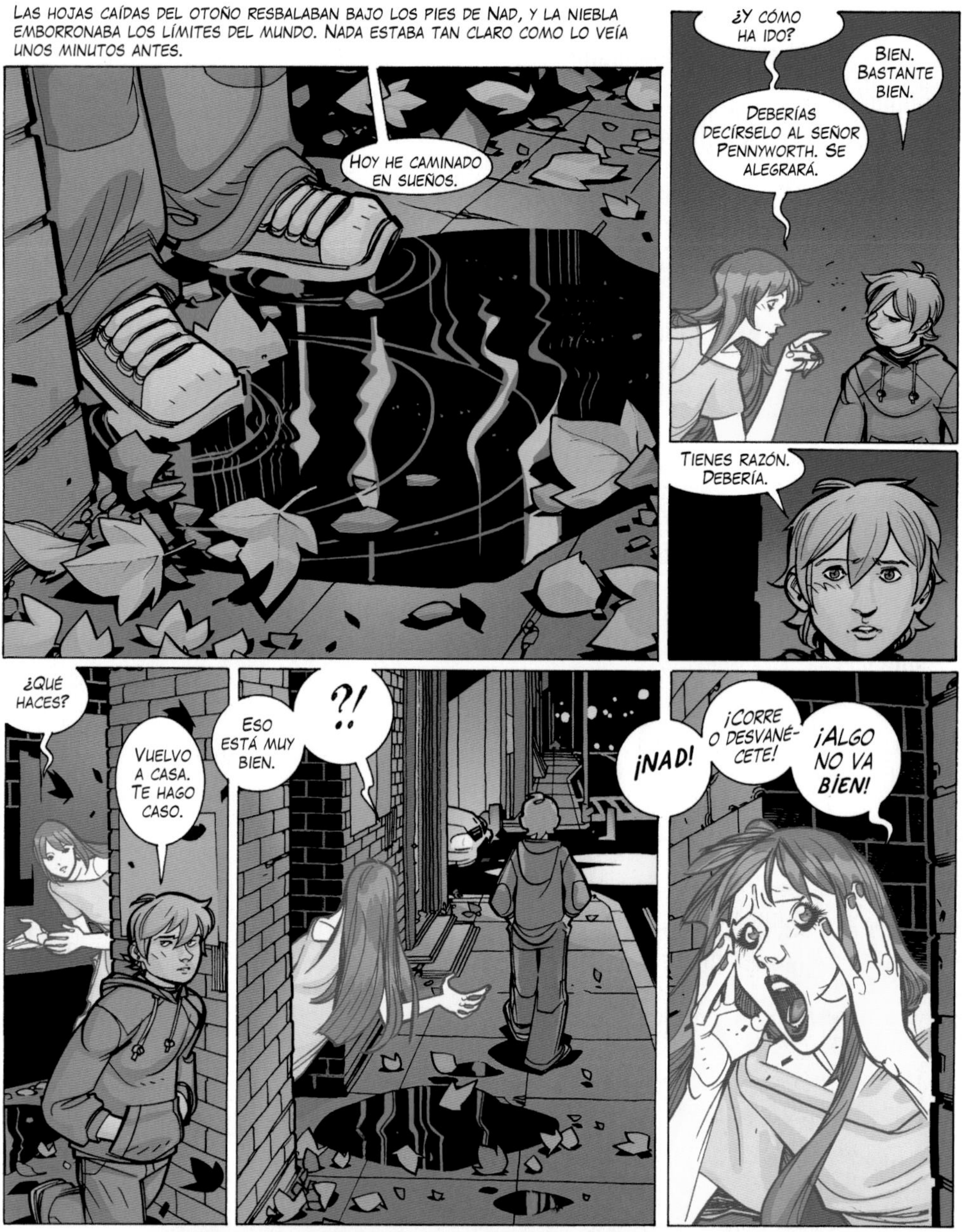

LAS HOJAS CAÍDAS DEL OTOÑO RESBALABAN BAJO LOS PIES DE NAD, Y LA NIEBLA
EMBORRONABA LOS LÍMITES DEL MUNDO. NADA ESTABA TAN CLARO COMO LO VEÍA
UNOS MINUTOS ANTES.

¿Y CÓMO
HA IDO?

BIEN.
BASTANTE
BIEN.

HOY HE CAMINADO
EN SUEÑOS.

DEBERÍAS
DECÍRSELO AL SEÑOR
PENNYWORTH. SE
ALEGRARÁ.

TIENES RAZÓN.
DEBERÍA.

¿QUÉ
HACES?

VUELVO
A CASA.
TE HAGO
CASO.

ESO
ESTÁ MUY
BIEN.

?!

¡NAD!

¡CORRE
O DESVANÉ-
CETE!

¡ALGO
NO VA
BIEN!

TE HE VISTO DESDE MI DORMITORIO.

CREO QUE ES EL QUE HA ESTADO ROMPIENDO VENTANAS.

¿CÓMO TE LLAMAS?

NADIE.

¡AU!

NO ME VENGAS CON ESAS. LIMÍTATE A RESPONDER EDUCADAMENTE. ¿VALE?

NAD INTENTÓ DESAPARECER, PERO PARA ELLO HAY QUE DISTRAER LA ATENCIÓN, Y EN ESE MOMENTO ERA PRECISAMENTE EL CENTRO DE ATENCIÓN.

¿DÓNDE VIVES EXACTAMENTE?

NO PUEDE DETENERME POR NO DECIRLE MI NOMBRE O MI DIRECCIÓN.

NO, NO PUEDO. PERO *SÍ PUEDO* LLEVARTE A COMISARÍA HASTA QUE NOS DES EL NOMBRE DE UN ADULTO RESPONSABLE A CUYO CARGO PODAMOS DEJARTE.

TE VI DESDE LA VENTANA, ASÍ QUE LLAMÉ A LA POLICÍA.

NO HE *HECHO* NADA.

NI SIQUIERA HE ESTADO EN TU JARDÍN. ¿Y POR QUÉ TE TRAEN A *TI* PARA QUE ME ENCUENTRES?

¡¡¡SILENCIO AHÍ ATRÁS!!!

LLAMAREMOS MAÑANA Y CONTAREMOS A TUS PADRES LO QUE SEPAMOS.

GRACIAS, TÍO TAM.

SOLO CUMPLO CON MI DEBER.

PERDONE, ¿TIENEN CÁRCELES PARA NIÑOS?

AHORA TE PREOCUPAS, ¿EH? NORMAL. LOS CHAVALES DE HOY VAIS MUY DESBOCADOS. DESDE LUEGO ALGUNOS ESTÁIS PARA QUE OS ENCIERREN.

RECORRIERON LA CIUDAD EN SILENCIO. NAD INTENTÓ REPETIDAMENTE LA DESAPARICIÓN, PERO NO CONSEGUÍA DESVANECERSE DE ALLÍ. SE SENTÍA FATAL.

¿TENDRÁN *CÁRCELES* PARA NIÑOS?

EN UNA NOCHE HE TENIDO MI PRIMERA GRAN DISCUSIÓN CON SILAS.

NO PUEDO DECIRLE MI NOMBRE A LA POLICÍA, NI DÓNDE VIVO. ME PASARÉ EL RESTO DE MI VIDA EN UNA CELDA, O EN UNA CÁRCEL PARA NIÑOS.

HE INTENTADO HUIR, HE FRACASADO Y AHORA NO PUEDO VOLVER.

NAD NO ESTABA SEGURO DE SI ESO ERA UN SÍ O UN NO.

?

ALGO ENORME VOLÓ POR EL AIRE. ALGO MÁS GRANDE Y MÁS OSCURO QUE EL PÁJARO MÁS GRANDE. ALGO DEL TAMAÑO DE UN HOMBRE, QUE BRILLABA Y ALETEABA AL MOVERSE, COMO UN MURCIÉLAGO EMITIENDO REFLEJOS ESTROBOSCÓPICOS.

CUANDO LLEGUEMOS A LA COMISARÍA MÁS VALE QUE NOS DIGAS TU NOMBRE, ¿SABES? TÚ COOPERAS, NOSOTROS TENEMOS UNA NOCHE FÁCIL, MENOS PAPELEO, Y TODOS TAN AMIGOS.

ERES DEMASIADO BLANDO. UNA NOCHE EN EL CALABOZO TAMPOCO LE HARÁ DAÑO, A MENOS QUE ESTÉ MUY LLENO Y TENGAMOS QUE PONERLE CON ALGUNO DE LOS BORRACHOS. *ESOS* SÍ PUEDEN SER MOLESTOS.

¡EH!

¡UAU!

BUM

¡SE HA TIRADO CONTRA EL COCHE! ¿LO HAS VISTO?

NO ESTOY SEGURO DE LO QUE HE VISTO. PERO DESDE LUEGO LE HAS DADO A ALGO.

MAUREEN QUILLING PASÓ LA PEOR SEMANA DE SU VIDA.

NICK FARTHING YA NO QUERÍA SABER NADA DE ELLA.

SU TÍO TAM LE HABÍA DADO UNA REPRIMENDA POR LO DEL TAL OWENS.

SI SE TE *OCURRIERA* MENCIONAR ALGO A *ALGUIEN* SOBRE ESA NOCHE, PODRÍA PERDER MI TRABAJO. ¡Y NO QUERRÍA ESTAR EN TU PELLEJO SI ESO PASA!

NI LOS NIÑOS DE SIETE AÑOS LE TENÍAN MIEDO YA.

SOLO DESEABA VER A ESE TAL OWENS SUFRIENDO UNA AGONÍA INDESCRIPTIBLE. ELABORABA PLANES DE VENGANZA PARA SUS ADENTROS, COMPLEJOS Y MACABROS. ERAN LO ÚNICO QUE LA HACÍA SENTIR MEJOR.

PERO NI SIQUIERA AQUELLO LA AYUDABA.

SI HABÍA ALGO QUE LE PONÍA LOS PELOS DE PUNTA ERA TENER QUE LIMPIAR EL LABORATORIO DE CIENCIAS. Y SE DIO EL CASO DE QUE AQUELLA SEMANA, LA PEOR DE SU VIDA, LE TOCABA A ELLA.

POR LO MENOS LA SEÑORA HAWKINS ESTABA ALLÍ, RECOGIENDO LOS EJERCICIOS AL FINAL DEL DÍA. ERA RECONFORTANTE TENERLA CERCA, TENER A ALGUIEN CERCA.

HAS HECHO UN BUEN TRABAJO, MAUREEN.

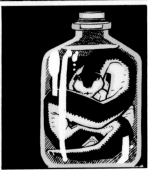

GRACIAS.

LA SALA ESTABA VACÍA Y RESULTABA INQUIETANTE. MO TENÍA LA SENSACIÓN DE NO ESTAR SOLA, COMO SI LA ESTUVIERAN OBSERVANDO.

¿HAS SIDO...?

¿NAT?

EL CAMINO DE VUELTA A CASA FUE LARGO Y OSCURO.

¿AÚN TE DUELE?

UN POCO. PERO YO ME CURO RÁPIDO.

¿PODRÍAS HABERTE MATADO TIRÁNDOTE FRENTE A ESE COCHE?

HAY FORMAS DE MATAR A ALGUIEN COMO YO, PERO NO TIENEN NADA QUE VER CON COCHES.

ESTABA EQUIVOCADO, ¿VERDAD? LA IDEA ERA HACERLO SIN QUE NADIE SE DIERA CUENTA. Y VOY YO Y ME HAGO NOTAR ENTRE LOS CHICOS DEL COLEGIO, Y AL FINAL ACABA PRESENTÁNDOSE LA POLICÍA Y TODO ESO.

PORQUE HE SIDO EGOÍSTA.

NO HAS SIDO EGOÍSTA. NECESITABAS ESTAR ENTRE LOS TUYOS. LO QUE PASA ES QUE EL MUNDO DE LOS VIVOS ES MUY DURO.

YO QUERÍA PROTEGERTE. PERO SOLO HAY UN LUGAR ABSOLUTAMENTE SEGURO PARA GENTE COMO TÚ, Y NO LLEGARÁS A ÉL HASTA QUE TODAS TUS AVENTURAS ACABEN Y NINGUNA DE ELLAS IMPORTE YA.

ÉL SIGUE AHÍ FUERA. EL HOMBRE QUE MATÓ A MI PRIMERA FAMILIA. AÚN TENGO QUE APRENDER SOBRE LAS PERSONAS. ¿VAS A IMPEDIRME SALIR DEL CEMENTERIO?

NO. ESO FUE UN ERROR DEL QUE AMBOS HEMOS APRENDIDO.

¿ENTON-CES?

HAY OTROS MODOS DE SATISFACER TU INTERÉS EN LAS HISTORIAS, EN LOS LIBROS Y EN EL MUNDO, Y MUCHOS LUGARES EN LOS QUE MEZCLARTE CON OTRAS PERSONAS VIVAS, COMO LAS BIBLIOTECAS, EL TEATRO O EL CINE.

¿AH, SÍ? ¿Y EL FÚTBOL?

FÚTBOL. HUM. ESO SUELE SER A UNA HORA DEMASIADO TEMPRANA PARA MÍ. PERO LA SEÑORITA LUPESCU PODRÍA LLEVARTE A VER UN PARTIDO DE FÚTBOL LA PRÓXIMA VEZ QUE VAYA.

AMBOS HEMOS DEJADO DEMASIADOS RASTROS Y HUELLAS EN LAS ÚLTIMAS SEMANAS.

ESO ME GUSTARÍA.

THOMAS R. STOUT
1817 - 1851
LOS QUE
LE CONOCIERON
LAMENTAN SU
PÉRDIDA

AÚN TE ESTÁN BUSCANDO, ¿SABES?

YA ME LO HAS DICHO ANTES. ¿CÓMO LO SABES? ¿Y QUIÉNES *SON* ELLOS? ¿QUÉ ES LO QUE QUIEREN?

SILAS SE LIMITÓ A SACUDIR LA CABEZA Y NO DIJO NADA MÁS, Y NAD TUVO QUE CONTENTARSE CON AQUELLO.

7
Los caballeros de la Jota

Ilustraciones de Scott Hampton

SILAS SE HABÍA MOSTRADO PREOCUPADO LOS ÚLTIMOS MESES.
HABÍA EMPEZADO A AUSENTARSE DEL CEMENTERIO DURANTE DÍAS,
A VECES SEMANAS. EN NAVIDADES, LA SEÑORITA LUPESCU LE HABÍA
SUSTITUIDO DURANTE TRES SEMANAS Y NAD HABÍA COMIDO CON ELLA
EN SU PISITO EN EL CASCO ANTIGUO. INCLUSO LO HABÍA LLEVADO
A UN PARTIDO DE FÚTBOL, TAL COMO LE HABÍA PROMETIDO SILAS,
PERO DESPUÉS SE HABÍA VUELTO AL LUGAR QUE ELLA LLAMABA
«EL VIEJO PAÍS», NO SIN ANTES ESTRUJARLE LAS MEJILLAS
Y LLAMARLO POR EL APODO CARIÑOSO QUE SOLO USABA ELLA...

AHORA SILAS NO ESTABA, Y TAMPOCO LA SEÑORITA LUPESCU. LOS SEÑORES OWENS ESTABAN SENTADOS FRENTE A LA TUMBA DE JOSIAH WORTHINGTON HABLANDO CON JOSIAH WORTHINGTON. NINGUNO DE LOS TRES PARECÍA CONTENTO.

¿QUIERE DECIR QUE NO LES DIJO A NINGUNO DE USTEDES *DÓNDE* IBA O CÓMO HABÍA QUE CUIDAR AL NIÑO?

¡NO!

BUENO, ¿Y DÓNDE ESTÁ?

NUNCA HABÍA DESAPARECIDO TANTO TIEMPO. CUANDO ENCONTRAMOS AL NIÑO NOS PROMETIÓ QUE ESTARÍA SIEMPRE AQUÍ PARA AYUDARNOS A CUIDARLO. LO *PROMETIÓ*.

ME PREOCUPA QUE LE HAYA PODIDO PASAR ALGO.

¡ES UN DESASTRE! ¿NO HAY NINGÚN MODO DE ENCONTRARLE, O DE LLAMARLE?

NO QUE YO SEPA. PERO CREO QUE HA DEJADO DINERO EN LA CRIPTA, PARA QUE EL NIÑO PUEDA COMER.

¡DINERO! ¿DE QUÉ SIRVE EL DINERO?

NAD NECESITARÁ DINERO CUANDO SALGA A COMPRAR COMIDA.

¡TODOS USTEDES SON IGUALES!

TE DOY UNA MONEDA SI ME DICES EN QUÉ PIENSAS.

TÚ NO TIENES UNA MONEDA.

TENGO DOS EN EL ATAÚD. PROBABLEMENTE ESTÉN YA ALGO VERDES, PERO AHÍ SIGUEN.

ESTABA PENSANDO EN EL MUNDO. ¿CÓMO SABEMOS QUE LA PERSONA QUE MATÓ A MI FAMILIA SIGUE VIVA? ¿Y QUE SIGUE AHÍ FUERA?

SILAS LO DICE.

PERO SILAS NO NOS CUENTA NADA MÁS.

ÉL SOLO QUIERE LO MEJOR PARA TI, YA LO SABES.

¿AH, SÍ? ¿Y DÓNDE ESTÁ?

TÚ VISTE AL HOMBRE QUE MATÓ A MI FAMILIA, ¿NO? EL DÍA QUE ME ADOPTASTEIS.

¿CÓMO ERA?

SÍ.

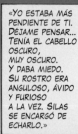

SCARLETT AMBER PERKINS TENÍA QUINCE AÑOS Y, EN AQUEL MOMENTO, SENTADA EN EL PISO DE ARRIBA DE UN VIEJO AUTOBÚS, LA RABIA Y EL ODIO SE LA COMÍAN POR DENTRO.

ODIO A MIS PADRES POR SEPARARSE.

ODIO A MI MADRE POR LLEVARME LEJOS DE ESCOCIA.

ODIO A MI PADRE.

NI SIQUIERA LE *IMPORTA* QUE ME HAYA IDO.

ODIO ESTA CIUDAD. NO ES COMO GLASGOW.

POR LO MENOS EN GLASGOW TENÍA *AMIGOS.* NUNCA VOLVERÉ A VERLOS.

POR LO MENOS ESTÁS EN UN SITIO QUE YA CONOCES. YA VIVIMOS AQUÍ CUANDO ERAS PEQUEÑA.

NO ME *ACUERDO.* Y NO CONOZCO A NADIE. ¿QUIERES QUE VAYA A BUSCAR A LOS QUE ERAN AMIGOS MÍOS CUANDO TENÍA *CINCO* AÑOS? ¿ES ESO LO QUE QUIERES?

BUENO, *YO* NO TE LO VOY A IMPEDIR.

ODIABA SU COLEGIO Y ODIABA EL MUNDO Y, EN AQUEL MOMENTO EN PARTICULAR, ODIABA EL SERVICIO DE AUTOBUSES URBANOS.

POR FAVOR, NO HABLEN CON EL CONDUCTOR MIENTRAS EL VEHÍCULO ESTÉ EN MARCHA

POR AQUÍ NO SE VA A CASA.

PERDONE. YO QUERÍA IR A ACACIA AVENUE.

PERO ESTE TAMBIÉN VA AL CENTRO, ¿NO?

PUES TENDRÍAS QUE HABER COGIDO EL **97.**

EVENTUALMENTE.

TAMBIÉN PODRÍA LLAMAR A LA POLICÍA, ¿NO?

CLARO QUE PODRÍAS, SÍ. O SIMPLEMENTE PUEDES LLAMAR A TU MADRE Y PEDIRLE QUE TE VENGA A BUSCAR.

¿DÓNDE VIVES?

NO HACE FALTA. QUIERO DECIR, QUE BASTA CON QUE ME DEJE EN LA PARADA DEL AUTOBÚS.

TE LLEVARÉ A CASA. ¿DIRECCIÓN?

102A ACACIA AVENUE. ESTÁ JUNTO A LA CALLE PRINCIPAL, JUSTO DESPUÉS DE ESE GRAN CENTRO DEPORTIVO.

¡VAYA! PUES SÍ QUE TE HABÍAS ALEJADO, ¿NO?

PERDÓN.

QUÉ TONTA.

¿EL CEMENTERIO DE LA COLINA, EN LA CIUDAD VIEJA? ¿ESE?

YO VIVO MÁS ALLÁ. ÚLTIMAMENTE ME DEDICO A HACER CALCOS DE LAS LÁPIDAS. ¿SABE QUE TÉCNICAMENTE ES UNA RESERVA NATURAL?

LO SÉ.

MUCHAS GRACIAS POR TRAER A SCARLETT A CASA, SEÑOR FROST. CREO QUE AHORA DEBERÍA IRSE.

BUENO, NO ENTIENDO MUY BIEN... NO QUERÍA OFENDERLA. ¿HE DICHO ALGO QUE NO DEBÍA? LOS CALCOS SON PARA UN PROYECTO DE HISTORIA LOCAL. NO ES QUE ME DEDIQUE A EXPOLIAR TUMBAS, NI NADA POR EL ESTILO.

LO SIENTO. ES UNA HISTORIA DE FAMILIA. NO ES CULPA SUYA.

ES QUE SCARLETT JUGABA EN ESE CEMENTERIO CUANDO ERA PEQUEÑA. ESO ERA... BUENO, HACE DIEZ AÑOS. INCLUSO TENÍA UN AMIGO IMAGINARIO.

UN NIÑO LLAMADO NAD.

¿COMO UN FANTASMA?

NO, NO LO CREO. VIVÍA ALLÍ, Y YA ESTÁ.

«INCLUSO ME INDICÓ LA TUMBA EN LA QUE VIVÍA. ASÍ QUE SÍ, SUPONGO QUE ERA UN FANTASMA.»

¿TE ACUERDAS, CARIÑO?

SUPONGO QUE DEBÍA DE SER UNA NIÑA MUY RARA.

ESTOY SEGURO DE QUE NO ERAS NADA... ESTO... ESTÁ EDUCANDO A UNA CHICA COMO DIOS MANDA, NOONA.

EL TÉ ESTABA ESPLÉNDIDO. SIEMPRE ES AGRADABLE HACER AMIGOS. AHORA MÁS VALE QUE ME RETIRE.

TENGO QUE HACERME LA CENA.

¿USTED SE HACE LA CENA?

BUENO, EN REALIDAD ME LA DESCONGELO. TAMBIÉN SOY UN MAESTRO DE LOS PRECOCINADOS.

SUPONGO QUE SOY UN VIEJO SOLTERÓN.

NUNCA ENCONTRÉ A LA MUJER ADECUADA.

SEÑOR FROST, ¿POR QUÉ NO VIENE A CENAR EL SÁBADO POR LA NOCHE?

¿SABE? SIEMPRE COCINO DE MÁS EL FIN DE SEMANA.

¿QUÉ?

ME *ENCANTARÍA* VENIR A CENAR EL SÁBADO, NOONA.

ESTUPENDO, SEÑOR FROST.

BUENO, PUES ADIÓS.

ADIÓS.

TÚ *ODIAS* COCINAR.

SUPONGO QUE HABRÁS HECHO LOS DEBERES.

YO ESTUVE EN ESE CEMENTERIO CUANDO ERA PEQUEÑA.

POR ESO TODO ME ERA TAN FAMILIAR.

SE LO IMAGINÓ MENTALMENTE Y RECORDÓ, Y EN ALGÚN MOMENTO SE DURMIÓ.

¿EH? ¿QUÉ ESTÁS HACIENDO?

¿QUIÉN HA DICHO ESO?

OH, YA TE VEO. MÁS O MENOS. ¿QUÉ HACES? ¿CAMINAS EN SUEÑOS?

SUPONGO QUE ESTOY SOÑANDO.

NO ES EXACTAMENTE LO QUE QUERÍA DECIR. HOLA. YO SOY NAD.

YO SCARLETT.

¡CLARO! YA SABÍA QUE ME SONABAS. HAS ESTADO HOY EN EL CEMENTERIO, CON ESE HOMBRE, EL DEL PAPEL.

EL SEÑOR FROST. ES MUY AGRADABLE. ¿NOS HAS VISTO?

SÍ. CONTROLO LA MAYORÍA DE COSAS QUE PASAN EN EL CEMENTERIO.

¿QUÉ TIPO DE NOMBRE ES NAD?

ES NADIE, ABREVIADO.

¡CLARO! DE ESO VA MI SUEÑO. TÚ ERES MI AMIGO IMAGINARIO, DE CUANDO ERA PEQUEÑA. PERO HAS CRECIDO.

ERAS MUY VALIENTE.

NOS ADENTRAMOS EN LA COLINA Y VIMOS AL HOMBRE ÍNDIGO. Y NOS ENCONTRAMOS CON EL SANGUINARIO.

ENTONCES SUCEDIÓ ALGO EN EL INTERIOR DE SU MENTE. UN RUIDO EN MOVIMIENTO, UN REMOLINO DE OSCURIDAD Y UN TORBELLINO DE IMÁGENES.

LO RECUERDO.

PERO ESTABA HABLÁNDOLE A LA OSCURIDAD DE SU DORMITORIO, Y NO RECIBÍA MÁS RESPUESTA QUE EL SORDO TRAQUETEO DE UN LEJANO CAMIÓN QUE SE ABRÍA PASO A TRAVÉS DE LA NOCHE.

NAD TENÍA RESERVAS DE ALIMENTOS DE LARGA DURACIÓN OCULTOS EN LA CRIPTA. TENÍA BASTANTE COMO PARA UN PAR DE MESES. SILAS SE HABÍA OCUPADO DE ESO.

ECHABA DE MENOS EL MUNDO MÁS ALLÁ DEL CEMENTERIO, PERO SABÍA QUE NO ERA SEGURO SALIR.

AÚN NO.

EL CEMENTERIO, EN CAMBIO, ERA SU MUNDO Y SU DOMINIO, Y LE GUSTABA CON LA PASIÓN DE UN CHICO DE CATORCE AÑOS.

AUN ASÍ...

EN EL CEMENTERIO NADIE CAMBIABA NUNCA. LOS NIÑOS CON LOS QUE HABÍA JUGADO NAD CUANDO ERA PEQUEÑO SEGUÍAN SIENDO NIÑOS.

FORTINBRAS BARTLEBY, QUE HABÍA SIDO SU MEJOR AMIGO, TENÍA AHORA CUATRO O CINCO AÑOS MENOS QUE NAD Y CADA VEZ QUE SE VEÍAN TENÍAN MENOS DE LO QUE HABLAR.

THACKERAY PORRINGER TENÍA LA ALTURA DE NAD Y SU MISMA EDAD, Y PARECÍA TOLERARLO MÁS QUE ANTES; A VECES SALÍAN A PASEAR POR LA TARDE Y LE CONTABA HISTORIAS DE DESGRACIAS QUE HABÍAN SUFRIDO SUS AMIGOS.

NORMALMENTE, LAS HISTORIAS ACABABAN CON LOS AMIGOS COLGADOS HASTA LA ASFIXIA POR ALGO QUE NO HABÍAN COMETIDO, O POR ERROR.

EN OCASIONES SIMPLEMENTE LOS TRANSPORTABAN A LAS COLONIAS AMERICANAS, Y ASÍ NO HABÍA QUE COLGARLOS A MENOS QUE VOLVIERAN.

LIZA HEMPSTOCK, QUE HABÍA SIDO AMIGA DE NAD DURANTE SEIS AÑOS, HABÍA CAMBIADO EN OTRO SENTIDO.

NAD SE LO COMENTÓ AL SEÑOR OWENS.

COSAS DE MUJERES, SUPONGO.

DE NIÑO LE GUSTABAS. PROBABLEMENTE AHORA QUE ERES UN JOVENCITO NO SABE QUÉ PENSAR DE TI.

YO JUGABA CON UNA NIÑA JUNTO AL ESTANQUE DE LOS PATOS CADA DÍA HASTA QUE ELLA TUVO TU EDAD, Y ENTONCES ME LANZÓ UNA MANZANA A LA CABEZA Y NO ME DIJO UNA PALABRA MÁS HASTA QUE TUVE DIECISIETE AÑOS.

!

TE LANCÉ UNA *PERA*.

Y NO TARDÉ TANTO EN HABLARTE, PORQUE ESTUVIMOS BAILANDO EN LA BODA DE TU PRIMO NED, QUE FUE DOS DÍAS ANTES DE QUE CUMPLIERAS LOS DIECISÉIS.

CLARO, CARIÑO. TIENES RAZÓN.

DIECISIETE.

NAD NO SE HABÍA PERMITIDO HACER AMIGOS ENTRE LOS VIVOS. ESO SOLO HABRÍA TRAÍDO PROBLEMAS. AUN ASÍ SE ACORDABA DE SCARLETT, LA HABÍA ECHADO DE MENOS DURANTE AÑOS Y HACÍA TIEMPO QUE HABÍA AFRONTADO EL HECHO DE QUE NO VOLVERÍA A VERLA.

Y AHORA ELLA SE HABÍA PRESENTADO EN SU CEMENTERIO, Y ÉL NO LA HABÍA RECONOCIDO.

SE ESTABA ADENTRANDO CADA VEZ MÁS ENTRE LA MARAÑA DE ÁRBOLES Y HIEDRA QUE HACÍA TAN PELIGROSO EL CUADRANTE NOROESTE. HABÍA CARTELES QUE PROHIBÍAN EL PASO A LOS VISITANTES, PERO ERAN INNECESARIOS. LA NATURALEZA LLEVABA CASI CIEN AÑOS RECLAMANDO EL CEMENTERIO PARA SÍ. LOS SENDEROS HABÍAN DESAPARECIDO Y ESTABAN IMPRACTICABLES.

CUANDO NAD TENÍA NUEVE AÑOS SE DEDICABA A EXPLORAR AQUELLA PARTE DEL MUNDO. UNA VEZ EL SUELO CEDIÓ BAJO SUS PIES, HUNDIÉNDOLO EN UN AGUJERO DE CASI SIETE METROS. AQUELLA TUMBA LA HABÍAN HECHO BIEN HONDA PARA QUE CUPIERAN MUCHOS ATAÚDES, PERO SOLO HABÍA UNO EN EL FONDO Y EN ÉL HABÍA UN MÉDICO, UN CABALLERO BASTANTE AGITADO LLAMADO CARSTAIRS.

CARSTAIRS PARECÍA ENCANTADO CON LA LLEGADA DE NAD, E INSISTIÓ EN EXAMINARLE EL TOBILLO QUE SE HABÍA TORCIDO.

HASTA QUE NO LO HIZO, NO ACCEDIÓ A SALIR A BUSCAR AYUDA.

AHORA NAD CORRÍA POR EL CUADRANTE NOROESTE SOBRE UN MANTO DE HOJAS CAÍDAS, UN LABERINTO DE HIEDRA POBLADO POR ZORROS, PORQUE TENÍA PRISA POR HABLAR CON EL POETA.

Aquí yacen los restos mortales de
NEHEMIAH TROT
POETA
1741-1774
Los Cisnes Cantan
antes de Morir

¿PUEDO PEDIRLE CONSEJO?

¡AH, ESCÚCHEME, JOVEN LEANDRO, JOVEN HÉROE, JOVEN ALEJANDRO! SI NO OSA HACER NADA, AL FINAL NADA SERÁ LO QUE GANE.

BIEN VISTO.

NAD ESTABA SATISFECHO, Y CONTENTO DE HABERLE PEDIDO CONSEJO AL POETA.

LA VERDAD ES QUE, SI NO PUEDES PEDIRLE UN CONSEJO SENSATO A UN POETA, ¿EN QUIÉN VAS A CONFIAR?

LO CUAL LE RECORDÓ...

SEÑOR TROT... HÁBLEME DE LA VENGANZA.

ES UN PLATO QUE SE SIRVE FRÍO.

NO SE DEJE LLEVAR POR EL CALOR DEL MOMENTO. ESPERE EL MOMENTO MÁS PROPICIO. HABÍA UN MATÓN CALLEJERO LLAMADO O'LEARY....

IRLANDÉS, PARA MÁS SEÑAS...

QUE TUVO LAS *AGALLAS*, LA *OSADÍA* DE ESCRIBIR ACERCA DE MI PRIMERA OBRA BREVE...

Un Ramillete de Belleza

Poesía para Caballeros Notables

SON UNOS VERSOS DE PACOTILLA, SIN NINGÚN VALOR. MÁS VALDRÍA USAR EL PAPEL EN QUE ESTÁ ESCRITO PARA...

¡NO!

NO PUEDO DECIRLO.

DIGAMOS QUE FUE UNA AFIRMACIÓN DE LO MÁS VULGAR.

¿PERO USTED SE VENGÓ DE ÉL?

DE ÉL Y DE SU CALAÑA. OH, SÍ, ME VENGUÉ, SEÑOR OWENS, Y FUE UNA VENGANZA *TERRIBLE.*

«ESCRIBÍ UNA CARTA Y LA COLGUÉ DE LAS PUERTAS DE LAS TABERNAS DE LONDRES A LAS QUE ACUDÍAN ESOS LIBRETISTAS DE TRES AL CUARTO.»

«EN ELLA EXPLICABA QUE, DADA LA FRAGILIDAD DEL GENIO POÉTICO, NO VOLVERÍA A ESCRIBIR PARA ELLOS; SOLO PARA MÍ Y PARA LA POSTERIDAD, Y QUE MIENTRAS VIVIERA NO VOLVERÍA A PUBLICAR MÁS POEMAS...

¡PARA ELLOS!»

«ASÍ QUE DEJÉ INSTRUCCIONES DE QUE, A MI MUERTE, ENTERRARAN MIS POEMAS CONMIGO, Y QUE HASTA QUE LA POSTERIDAD NO SE DIERA CUENTA DE MI GENIO NO DESENTERRARAN MI ATAÚD Y RESCATARAN MIS POEMAS DE ENTRE MIS FRÍAS MANOS, PARA EL DELEITE Y LA APROBACIÓN DE TODOS.»

«ES TERRIBLE IR POR DELANTE DE TU TIEMPO.»

Y DESPUÉS DE SU MUERTE, ¿ABRIERON SU TUMBA E IMPRIMIERON LOS POEMAS?

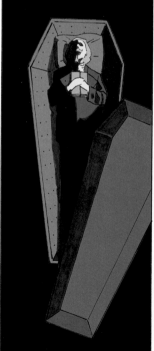

NO, AÚN NO. PERO AÚN HAY MUCHO TIEMPO. LA POSTERIDAD ES VASTA.

EFECTIVAMENTE. UNA VENGANZA IMPLACABLE E INGENIOSA.

ASÍ QUE... ESA FUE SU VENGANZA.

SÍ... YA.

TENGO QUE IRME A CASA. PERO SI QUIERES PODRÍA VENIR EL FIN DE SEMANA.

ME GUSTARÍA, SÍ.

¿CÓMO TE ENCUENTRO LA PRÓXIMA VEZ?

TE ENCONTRARÉ, NO TE PREOCUPES. BASTA QUE ESTÉS SOLA. YO TE ENCONTRARÉ.

NAD SE SENTÓ EN LO ALTO DEL MAUSOLEO FROBISHER, A OBSERVAR EL MUNDO DE LAS COSAS QUE SE MOVÍAN DEL OTRO LADO DE LA VERJA.

Y RECORDÓ CÓMO LE HABÍA ABRAZADO SCARLETT Y LO SEGURO QUE SE HABÍA SENTIDO, AUNQUE SOLO FUERA POR UN MOMENTO, Y LO AGRADABLE QUE SERÍA PODER PASEAR SIN PREOCUPARSE MÁS ALLÁ DEL CEMENTERIO...

... Y LO AGRADABLE QUE ERA SENTIRSE DUEÑO DE SU PEQUEÑO MUNDO.

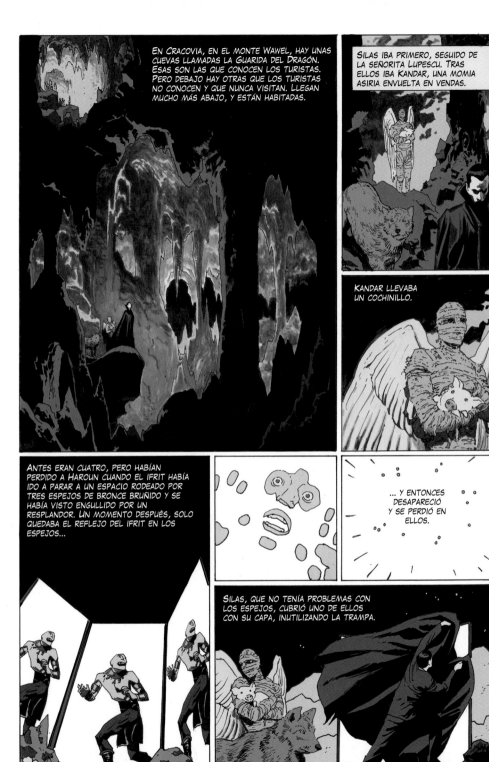

EN CRACOVIA, EN EL MONTE WAWEL, HAY UNAS CUEVAS LLAMADAS LA GUARIDA DEL DRAGÓN. ESAS SON LAS QUE CONOCEN LOS TURISTAS. PERO DEBAJO HAY OTRAS QUE LOS TURISTAS NO CONOCEN Y QUE NUNCA VISITAN. LLEGAN MUCHO MÁS ABAJO, Y ESTÁN HABITADAS.

SILAS IBA PRIMERO, SEGUIDO DE LA SEÑORITA LUPESCU. TRAS ELLOS IBA KANDAR, UNA MOMIA ASIRIA ENVUELTA EN VENDAS.

KANDAR LLEVABA UN COCHINILLO.

ANTES ERAN CUATRO, PERO HABÍAN PERDIDO A HAROUN CUANDO EL IFRIT HABÍA IDO A PARAR A UN ESPACIO RODEADO POR TRES ESPEJOS DE BRONCE BRUÑIDO Y SE HABÍA VISTO ENGULLIDO POR UN RESPLANDOR. UN MOMENTO DESPUÉS, SOLO QUEDABA EL REFLEJO DEL IFRIT EN LOS ESPEJOS...

... Y ENTONCES DESAPARECIÓ Y SE PERDIÓ EN ELLOS.

SILAS, QUE NO TENÍA PROBLEMAS CON LOS ESPEJOS, CUBRIÓ UNO DE ELLOS CON SU CAPA, INUTILIZANDO LA TRAMPA.

¿ES PARA EL COLEGIO?

ES DE HISTORIA LOCAL.

TENEMOS EL PERIÓDICO LOCAL EN MICROFICHAS. ALGÚN DÍA LO DIGITALIZAREMOS. BUENO, ¿QUÉ FECHAS BUSCAS?

¿SÍ?

QUERÍA CONSULTAR UNOS PERIÓDICOS ANTIGUOS.

HACE UNOS TRECE O CATORCE AÑOS. NO PUEDO SER MÁS ESPECÍFICA. LO SABRÉ CUANDO LO VEA.

VEN CONMIGO.

AQUÍ ESTÁ.

TÚ MISMA.

SCARLETT SUPONÍA QUE EL ASESINATO DE UNA FAMILIA SALDRÍA EN PRIMERA PÁGINA, PERO CUANDO POR FIN LO ENCONTRÓ...

LO HAN ESCONDIDO EN LA PÁGINA CINCO.

NO HABÍA COLOR EN EL ARTÍCULO, NINGUNA DESCRIPCIÓN, SOLO UN FRÍO LISTADO DE SUCESOS.

RONALD DORIAN, ARQUITECTO DE 36 AÑOS; SU MUJER CARLOTTA, EDITORA DE 34, Y SU HIJA MISTY, DE 7, HAN APARECIDO MUERTOS EN 33 DUNSTAN ROAD. NO PARECE QUE SEA DE MUERTE NATURAL. UN PORTAVOZ DE LA POLICÍA HA MANIFESTADO QUE ES DEMASIADO PRONTO PARA HACER COMENTARIOS SOBRE LA INVESTIGACIÓN, PERO QUE ESTÁN SIGUIENDO PISTAS IMPORTANTES.

¡AH!

NO MENCIONA CÓMO MURIÓ LA FAMILIA. NADA SOBRE EL BEBÉ QUE FALTABA.

EN LAS SEMANAS SIGUIENTES, NINGÚN SEGUIMIENTO.

LA POLICÍA NO VOLVIÓ A HACER COMENTARIOS. O AQUÍ NO APARECEN.

ESO ES. ESTOY SEGURA. 33 DUNSTAN ROAD. CONOZCO LA CASA. HE ESTADO ALLÍ.

GRACIAS.

HOLA. ¿SEÑOR FROST?

SCARLETT. ¿SIGUE EN PIE LO DE ESTA NOCHE? ¿CÓMO ESTÁ TU MADRE?

OH, SÍ, TODO CONTROLADO.

HUM, SEÑOR FROST... ¿CUÁNTO TIEMPO HACE QUE VIVE EN SU CASA?

¿CUÁNTO TIEMPO? BUENO, HARÁ UNOS CUATRO MESES.

¿CÓMO LA ENCONTRÓ?

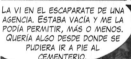

LA VI EN EL ESCAPARATE DE UNA AGENCIA. ESTABA VACÍA Y ME LA PODÍA PERMITIR, MÁS O MENOS. QUERÍA ALGO DESDE DONDE SE PUDIERA IR A PIE AL CEMENTERIO.

SEÑOR FROST, HACE UNOS TRECE AÑOS TRES PERSONAS FUERON ASESINADAS EN SU CASA. LA FAMILIA DORIAN.

SEÑOR FROST, ¿SIGUE AHÍ?

HUM. SIGO AQUÍ, SCARLETT. PERDONA.

NO ES EXACTAMENTE LO QUE UNO QUIERE OÍR. ES UNA CASA VIEJA, DE MODO QUE CABE ESPERAR QUE HAYAN PASADO COSAS TIEMPO ATRÁS, PERO NO... BUENO, ¿QUÉ SUCEDIÓ?

HABÍA UN PEQUEÑO ARTÍCULO EN UN PERIÓDICO VIEJO. SOLO DABA LA DIRECCIÓN Y NADA MÁS. NO SÉ CÓMO MURIERON, NI NADA.

VAYA.

DIOS SANTO.

BUENO, JOVEN SCARLETT, PUES ESTO ES TRABAJO PARA UN HISTORIADOR LOCAL. DÉJAMELO A MÍ. INVESTIGARÉ Y TE CONTARÉ TODO LO QUE DESCUBRA.

GRACIAS.

HUM... SUPONGO QUE ME LLAMAS POR TELÉFONO PORQUE SI NOONA PENSARA QUE EN MI CASA SE COMETEN ASESINATOS NO TE DEJARÍA VOLVER A VERME NI A IR AL CEMENTERIO, ASÍ QUE... HUM... MEJOR NO LE DIRÉ NADA, A MENOS QUE LO HAGAS TÚ.

¡GRACIAS, SEÑOR FROST!

NOS VEMOS A LAS SIETE. CON BOMBONES.

LA CENA FUE DE LO MÁS AGRADABLE. EL OLOR A QUEMADO HABÍA DESAPARECIDO DE LA COCINA, Y LOS BOMBONES QUE TOMARON DE POSTRE ERAN BUENÍSIMOS. EL SEÑOR FROST ESTUVO SENTADO A LA MESA, HABLANDO CON ELLAS, HASTA LAS 10, CUANDO DIJO QUE TENÍA QUE VOLVER A CASA.

EL TIEMPO, LA MAREA, Y LA INVESTIGACIÓN HISTÓRICA A NADIE ESPERAN.

SCARLETT INTENTÓ BUSCAR A NAD EN SUS SUEÑOS AQUELLA NOCHE, PERO CUANDO CONSIGUIÓ SOÑAR, ESTABA DANDO VUELTAS POR EL CENTRO DE GLASGOW CON SUS VIEJOS AMIGOS. IBAN BUSCANDO UNA CALLE EN PARTICULAR, PERO LO ÚNICO QUE ENCONTRABAN ERA UNA SERIE DE CALLES SIN SALIDA, UNA TRAS OTRA.

EN LAS PROFUNDIDADES DE LA MONTAÑA DE CRACOVIA, EN LA BÓVEDA MÁS PROFUNDA DE LAS CUEVAS QUE LLAMAN LA GUARIDA DEL DRAGÓN, LA SEÑORITA LUPESCU SE TAMBALEÓ Y CAYÓ.

VOLVERÁN, SILAS. EL SOL VOLVERÁ A SALIR MUY PRONTO.

ENTONCES TENEMOS QUE ENFRENTARNOS A ELLOS ANTES DE QUE ESTÉN LISTOS PARA EL ATAQUE. ¿PUEDES PONERTE EN PIE?

SÍ. SOY UN SABUESO DE DIOS. AGUANTARÉ.

ACABEMOS CON ESTO.

... 81 ...

NO SÉ QUÉ HACER.

CREO QUE PUEDO DESCUBRIR QUIÉN MATÓ A MI FAMILIA. QUIÉN QUERÍA *MATARME* A MÍ. PERO ESO SIGNIFICA SALIR DEL CEMENTERIO.

NO ME DA MIEDO MORIR. ES QUE HAY TANTAS PERSONAS QUERIDAS QUE SE HAN DEDICADO A CUIDARME, A ENSEÑARME, A PROTEGERME...

ESTO TENGO QUE HACERLO SOLO.

SÍ

ESO ES TODO. SIENTO HABERTE MOLESTADO.

EL SANGUINARIO TIENE QUE GUARDAR EL TESORO HASTA QUE NUESTRO AMO REGRESE. ¿ERES TÚ NUESTRO AMO?

NO.

¿QUIERES SER NUESTRO AMO?

ME TEMO QUE NO.

... 83 ...

¿LISTO?

NO ES MÁS QUE UNA CASA COMO CUALQUIER OTRA.

DEBES DE SER EL MISTERIOSO AMIGO DE LA SEÑORITA PERKINS. ME ALEGRO DE CONOCERTE.

ESTE ES NAD.

¿NAT?

NAD. CON D.

NAD, ESTE ES EL SEÑOR FROST.

HE PUESTO EL AGUA. ¿QUÉ TAL SI HABLAMOS MIENTRAS NOS TOMAMOS UN TÉ?

ESTA CASA ES TODA VERTICAL. EL BAÑO ESTÁ EN EL PRIMER PISO, Y MI DESPACHO Y LOS DORMITORIOS EN LAS PLANTAS DE ARRIBA.

CON TODAS ESTAS ESCALERAS UNO HACE EJERCICIO.

BUENO, ¿Y QUÉ HA DESCUBIERTO?

TENÍAS RAZÓN. ES DECIR, ESTA ES LA CASA DONDE MATARON A ESAS PERSONAS. Y CREO... QUE LAS AUTORIDADES... NO OCULTARON EXACTAMENTE EL DELITO, PERO SÍ SE OLVIDARON DE ÉL.

NO LO ENTIENDO. UN ASESINATO NO SE ESCONDE BAJO LA ALFOMBRA.

ESTE SÍ. HABRÍA ALGUIEN INFLUYENTE INTERESADO. ES LA ÚNICA EXPLICACIÓN POSIBLE DEL CASO, Y DE LO QUE LE PASÓ AL NIÑO PEQUEÑO.

¿QUÉ LE PASÓ?

SOBREVIVIÓ. ESTOY SEGURO DE ELLO. PERO NO LE BUSCARON. UN BEBÉ DESAPARECIDO NORMALMENTE HABRÍA ACABADO EN LOS TITULARES DE TODO EL PAÍS. PERO DEBIERON DE... HUM... EVITARLO DE ALGÚN MODO.

¿DEBIERON? ¿QUIÉNES?

LOS MISMOS QUE HICIERON QUE MATARAN A LA FAMILIA.

¿Y NO SABE NADA MÁS?

SÍ. BUENO, UN POCO... LO SIENTO. YO...

MIRA.

POR LO QUE HE ENCONTRADO, TODO EL ASUNTO RESULTA INCREÍBLE.

¿QUÉ ES LO QUE HA ENCONTRADO?

TIENES RAZÓN. LO SIENTO, ÚLTIMAMENTE ME DA POR GUARDAR SECRETOS. NO ES BUENA IDEA. LOS HISTORIADORES NO ENTIERRAN DATOS. LOS SACAN A LA LUZ.

SÍ.

ENCONTRÉ UNA CARTA.

ARRIBA.

ESTABA OCULTA BAJO UN TABLÓN SUELTO.

JOVENCITO, ¿ME EQUIVOCO AL SUPONER QUE... BUENO, QUE EL INTERÉS QUE TIENES EN ESTE TERRIBLE ASUNTO ES... PERSONAL?

NO.

PUES VAMOS. NO, TÚ NO, SCARLETT. AÚN NO. SE LA ENSEÑARÉ A ÉL. Y SI LE PARECE BIEN, LUEGO TE LA ENSEÑO A TI.

¿DE ACUERDO?

DE ACUERDO.

NO TARDAREMOS. VEN AQUÍ, CHICO.

NO PASA NADA. YO OS ESPERO AQUÍ.

¿SON AMIGOS SUYOS?

OH, SÍ.

POR SUPUESTO.

TODOS Y CADA UNO DE NOSOTROS.

ÉL... EL SEÑOR FROST HA TENIDO QUE SALIR.

PERO TIENE EL COCHE AHÍ. ¿TÚ QUIÉN ERES, POR CIERTO?

ES AMIGO DE MI MADRE.

ACABA DE SALIR A POR UN PERIÓDICO.

CLIC

¿ADÓNDE VAS?

TENGO QUE COGER EL AUTOBÚS.

CAMINA MÁS RÁPIDO. TODOS TE ESTÁN MIRANDO. PERO NO CORRAS.

¿QUIÉNES SON?

NO LO SÉ. PERO TODOS TIENEN UN ASPECTO EXTRAÑO. COMO SI NO FUERAN GENTE NORMAL. QUIERO VOLVER Y ESCUCHAR QUÉ DICEN.

¡SEÑOR DANDY!

HOLA, JACK FROST. PENSABA QUE TENÍAS AL CHICO.

LO TENÍA. SE HA ESCAPADO.

¿OTRA VEZ?

UNA VEZ ES UN FALLO, JACK. DOS VECES ES UN DESASTRE.

LO ATRA-PAREMOS.

ESTO SE ACABA ESTA NOCHE.

MÁS VALE.

ASÍ ES. ESTA VEZ SÉ EXACTAMENTE DÓNDE ENCONTRARLO.

SNIFF

VAMOS, RODÉAME CON LOS BRAZOS Y CIERRA LOS OJOS.

¡CERRADO CON LLAVE!

¿SABES DÓNDE ESTÁ LA LLAVE?

NAD, HAN CERRADO LA VERJA HASTA MAÑANA.

NO TENEMOS TIEMPO. RODÉAME CON LOS BRAZOS.

¿QUÉ?

VALE.

ESPERO QUE EL TELETRANSPORTE AL CEMENTERIO TAMBIÉN FUNCIONE CON OTRAS PERSONAS, AL MENOS POR ESTA VEZ.

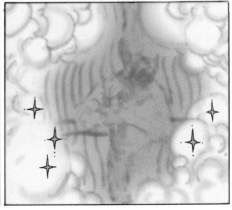

ALREDEDOR DE NAD, LOS HABITANTES DEL CEMENTERIO IBAN DESPERTÁNDOSE Y CONGREGÁNDOSE, ALARMADOS.

¿DÓNDE ESTÁN AHORA?

UNO ESTÁ EN EL PASEO EGIPCIO, BUSCÁNDOTE. SU AMIGO ESTÁ ESPERANDO EN EL CALLEJÓN. HAY OTROS TRES DE CAMINO AL OTRO LADO DE LOS MUROS.

NO LOS NECESITAS.

OJALÁ ESTUVIERA AQUÍ SILAS. ÉL LOS LIQUIDARÍA ENSEGUIDA. O LA SEÑORITA LUPESCU.

¿DÓNDE ESTÁ MAMÁ?

JUNTO AL MURO DEL CALLEJÓN.

DILE QUE HE ESCONDIDO A SCARLETT DETRÁS DEL PANTEÓN DE LOS FROBISHER. QUE SE OCUPE DE ELLA SI ME OCURRIERA ALGO.

NAD ECHÓ A CORRER POR EL CEMENTERIO A OSCURAS, DONDE HABÍA UN HOMBRECILLO ARMADO CON UN CORDÓN DE SEDA NEGRO BUSCÁNDOLE PARA MATARLE.

SOY NADIE OWENS.

NO ME PASARÁ NADA.

FORMO PARTE DEL CEMENTERIO.

A PUNTO ESTUVO DE PASAR POR ALTO AL HOMBRECILLO —EL TAL KETCH— EN SU CARRERA HACIA EL PASEO EGIPCIO.

NAD RODEÓ LA TUMBA DE LOS CARSTAIRS,
CUBIERTA DE HIEDRA, Y SE QUEDÓ DE PIE,
JADEANDO, COMO SI NO PUDIERA MÁS,
DÁNDOLE LA ESPALDA A SU PERSEGUIDOR.

Y
ESPERÓ.

AHÍ
VIENE,
MUCHACHO.

¡UUUPS!

¡AAAAHH!

C
R
U
N
C
H

PUES SON MUCHOS LOS QUE TE BUSCAN; MÁS DE LOS QUE CREES.

¡YA LO VEO!

ME SIENTO COMO UN CEBO EN UNA TRAMPA.

NO ES UNA SENSACIÓN AGRADABLE.

AH, EL ESCURRIDIZO CHICO DORIAN, SUPONGO. ASOMBROSO. NUESTRO JACK FROST BUSCANDO POR TODAS PARTES, Y AQUÍ ESTÁS TÚ, JUSTO DONDE TE DEJÓ HACE TRECE AÑOS.

ESE HOMBRE MATÓ A MI FAMILIA.

DESDE LUEGO.

¿POR QUÉ?

¿IMPORTA? NO VAS A PODER CONTÁRSELO A NADIE.

ENTONCES TAMPOCO LE IMPORTARÁ TANTO DECÍRMELO, ¿NO?

¡JA! QUÉ GRACIOSO. LO QUE YO QUIERO SABER ES CÓMO HAS VIVIDO TRECE AÑOS EN UN CEMENTERIO SIN QUE NADIE SE ENTERARA.

LE CONTESTARÉ SU PREGUNTA SI USTED RESPONDE A LA MÍA.

¡NO LE HABLES ASÍ AL SEÑOR DANDY, MEQUETREFE!

TRANQUILO, JACK TAR. ESTÁ BIEN. UNA RESPUESTA POR OTRA.

NOSOTROS —MIS AMIGOS Y YO— FORMAMOS PARTE DE UNA CONFRATERNIDAD CONOCIDA COMO LOS CABALLEROS DE LA JOTA, O LAS SOTAS, O POR OTROS NOMBRES. EXISTIMOS DESDE HACE MUCHÍSIMO TIEMPO. SABEMOS... RECORDAMOS COSAS QUE LA MAYORÍA DE LA GENTE HA OLVIDADO.

LA SABIDURÍA ANCESTRAL.

MAGIA.

SABEN UN POCO DE MAGIA.

SI QUIERES LLAMARLO ASÍ. PERO ES UNA MAGIA MUY ESPECÍFICA. HAY UNA MAGIA QUE PUEDES SACAR DE LA MUERTE. ALGO ABANDONA EL MUNDO, Y OTRA COSA APARECE EN ÉL.

¿MATARON A MI FAMILIA POR... POR QUÉ? ¿POR UNOS PODERES MÁGICOS? ESO ES RIDÍCULO.

NO. OS MATAMOS PARA PROTE- GERNOS.

«HACE MUCHO TIEMPO, UNO DE LOS NUESTROS —ESTO FUE EN EGIPTO, EN TIEMPOS DE LAS PIRÁMIDES— PREVIÓ QUE UN DÍA NACERÍA UN NIÑO QUE PODRÍA ATRAVESAR LA FRONTERA ENTRE LOS VIVOS Y LOS MUERTOS. QUE SI AQUEL NIÑO LLEGABA A LA EDAD ADULTA, SIGNIFICARÍA EL FINAL DE NUESTRA ORDEN Y DE TODO LO QUE DEFENDEMOS.»

«NOS DEDICAMOS A CONTROLAR LOS NACIMIENTOS DESDE ANTES DE QUE LONDRES FUERA UN PUEBLO; TENÍAMOS A TU FAMILIA EN EL OBJETIVO ANTES DE QUE NUEVA ÁMSTERDAM SE CONVIRTIERA EN NUEVA YORK.»

«Y ENVIAMOS AL QUE PENSÁBAMOS QUE ERA EL MEJOR, MÁS IMPLACABLE Y MÁS PELIGROSO DE TODOS LOS JOTAS PARA QUE SE OCUPARA DE TI. PARA ARREGLAR LAS COSAS, DE MODO QUE ACABÁRAMOS CON LA MALDICIÓN Y PUDIÉRAMOS SEGUIR FUNCIONANDO SIN PROBLEMAS OTROS CINCO MIL AÑOS.»

«PERO NO LO HIZO.»

ABRIÓ LA PUERTA DE LOS GHOULS.

OH...

¿NO?

ESE TRUQUITO SOLO FUNCIONA UNA VEZ, CHAVAL.

¿QUÉ?

AAAAAA

NO SÉ QUÉ ES LO QUE ACABAS DE HACER, PERO NO SIRVE DE NADA.

TENÍA QUE HABER HECHO ESTO HACE TRECE AÑOS. NO PUEDES CONFIAR EN LA GENTE. LAS COSAS IMPORTANTES TIENES QUE HACERLAS TÚ MISMO.

EL BORDE DEL AGUJERO TEMBLÓ Y SE AGITÓ. EL SEÑOR DANDY YA HABÍA ESTADO ANTES EN UN TERREMOTO, EN BANGLADESH. ERA PARECIDO: LA TIERRA DABA SACUDIDAS...

... Y EL SEÑOR DANDY CAYÓ.

AHORA VOY A DEJAR QUE SE CIERRE LA PUERTA.

CREO QUE SI SIGUE AGARRADO PUEDE APLASTARLO, O ABSORBERLO Y CONVERTIRLO EN PARTE DE LA PUERTA. NO LO SÉ. PERO LE ESTOY DANDO UNA OPORTUNIDAD. ES MÁS DE LO QUE USTED DIO A MI FAMILIA.

NO PODRÁS ESCAPAR. SOMOS LOS CABALLEROS DE LA JOTA. ESTAMOS POR TODAS PARTES. ESTO NO ACABA AQUÍ.

PARA USTED SÍ.

NO TE CUESTA NADA DECÍRMELO.

ME VAS A MATAR, ES OBVIO.

QUIERO QUE SUELTES A LA CHICA.

DEJA QUE SCARLETT SE VAYA.

ESTO ES UN ALTAR DE PIEDRA, ¿NO?

SUPONGO.

¿Y UN CUCHILLO? ¿Y UN CÁLIZ? ¿Y UN BROCHE?

SÍ.

¡JA!

ASÍ QUE LA HERMANDAD SE HA ACABADO Y QUEDA CERRADA LA ASAMBLEA. PERO SI NO HAY MÁS CABALLEROS DE LA JOTA Y SOLO QUEDO YO, ¿QUÉ IMPORTA? PUEDE NACER UNA NUEVA HERMANDAD, MÁS PODEROSA QUE LA ANTERIOR.

PODER.

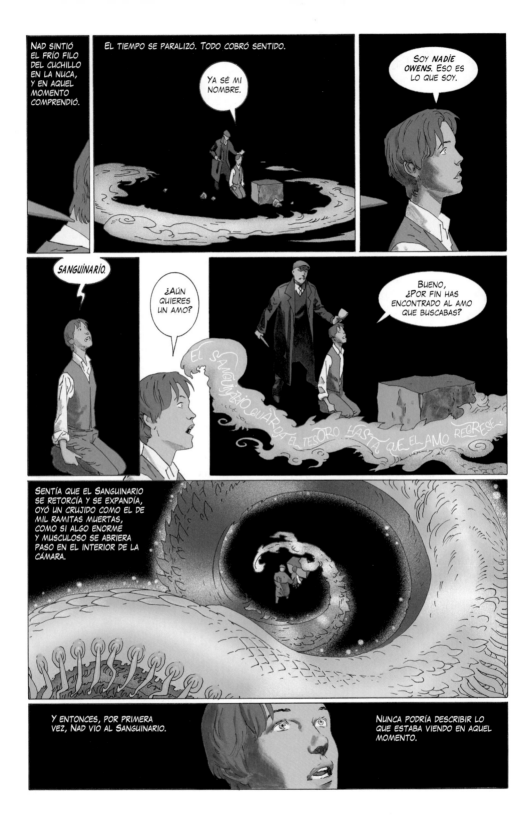

¡ATRÁS!

¡APÁRTATE!

¡NO TE ACERQUES MÁS!

SCARLETT.

QUIERO VER LO QUÉ ESTÁ PASANDO.

LO QUE VIO SCARLETT NO ERA LO QUE VEÍA NAD. NO VIO AL SANGUINARIO, Y ESO FUE UNA SUERTE. PERO SÍ VIO AL TAL JACK.

ESTABA FLOTANDO EN EL AIRE, A DOS, TRES METROS DEL SUELO, AGITANDO DESESPERA-DAMENTE DOS CUCHILLOS EN EL AIRE, INTENTANDO APUÑALAR ALGO QUE NO VEÍA, EVIDENTE-MENTE EN VANO.

VIO EN SU ROSTRO EL MIEDO, QUE LE DEVOLVÍA EL ASPECTO DEL SEÑOR FROST DE ANTES. AQUEL HOMBRE ATERRORIZADO VOLVÍA A SER EL TIPO AMABLE QUE LA HABÍA LLEVADO A CASA.

EL SEÑOR FROST, O JACK, QUIENQUIERA QUE FUERA, SE ALEJABA CADA VEZ MÁS...

HASTA QUE QUEDÓ APLASTADO CONTRA LA PARED DE LA CÁMARA.

QUIERO IRME
A CASA.

POR FAVOR.

NAD SE QUEDÓ MIRANDO A SCARLETT MIENTRAS SE ALEJABA, ESPERANDO QUE SE GIRARA Y LE MIRARA, QUE LE SONRIERA O SIMPLEMENTE LE MIRASE SIN MIEDO EN LOS OJOS.

PERO SCARLETT
NO SE GIRÓ.

SIMPLE-
MENTE SE
ALEJÓ.

UN HOMBRE LLEVÓ
A SCARLETT A CASA.

MÁS TARDE, LA MADRE DE SCARLETT NO RECORDARÍA MUY BIEN
LO QUE LE HABÍA DICHO, AUNQUE SE HABÍA LLEVADO UNA DECEPCIÓN
AL SABER...

OH, CON LO *AGRADABLE* QUE ERA...

SE HA VISTO OBLIGADO A DEJAR LA CIUDAD.

EL HOMBRE HABLÓ CON ELLAS, EN LA COCINA, SOBRE SUS VIDAS Y SUS SUEÑOS, Y CUANDO
ACABÓ LA CONVERSACIÓN, DE ALGÚN MODO, LA MADRE DE SCARLETT HABÍA *DECIDIDO* QUE
VOLVERÍAN A GLASGOW.

A SCARLETT
LE GUSTARÍA
ESTAR CERCA
DE SU PADRE,
Y VOLVER A VER
A SUS VIEJOS
AMIGOS.

NOONA
INCLUSO
LE PROMETIÓ
QUE LE
COMPRARÍA
UN TELÉFONO.

SILAS DEJÓ A LA
MUCHACHA Y A SU
MADRE EN LA
COCINA.

APENAS
RECORDABAN
QUE SILAS
HABÍA ESTADO
ALLÍ...

... QUE ERA PRECISAMENTE
LO QUE ÉL QUERÍA.

ESOS HOMBRES... HABLABAN DE LOS PROBLEMAS QUE TENÍAN EN CRACOVIA, MELBOURNE Y VANCOUVER. ERAS TÚ, ¿VERDAD?

NO ESTABA SOLO.

¿LA SEÑORITA LUPESCU?

¿ESTÁ BIEN?

LUCHÓ CON VALENTÍA.

LUCHÓ POR TI, NAD.

EL SANGUINARIO TIENE A ESE TAL JACK. TRES DE LOS OTROS CAYERON POR LA PUERTA DE LOS GHOULS. HAY UNO HERIDO PERO AÚN VIVO EN EL FONDO DE LA TUMBA DE LOS CARSTAIRS.

ES EL ÚLTIMO DE LAS JOTAS. TENDRÉ QUE HABLAR CON ÉL ANTES DE QUE AMANEZCA.

SCARLETT ME TENÍA MIEDO.

SÍ.

PERO ¿POR QUÉ? YO LE SALVÉ LA VIDA. NO SOY MALA PERSONA. SOY COMO ELLA. TAMBIÉN ESTOY VIVO.

¿CÓMO CAYÓ LA SEÑORITA LUPESCU?

LUCHANDO CON BRAVURA. PROTEGIENDO A LOS DEMÁS.

PODÍAS HABERLA TRAÍDO AQUÍ. ENTERRARLA AQUÍ. ASÍ HABRÍA PODIDO HABLAR CON ELLA.

ESO NO ERA POSIBLE.

ME LLAMABA NIMENI. NADIE MÁS ME LLAMARÁ ASÍ NUNCA.

¿VAMOS A BUSCARTE ALGO DE COMER?

¿VAMOS? ¿QUIERES QUE VAYA CONTIGO? ¿QUE SALGAMOS DEL CEMENTERIO?

AHORA YA NADIE INTENTA MATARTE. HAY MUCHAS COSAS QUE YA NADIE VA A INTENTAR HACERTE.

ASÍ QUE, SÍ, ¿QUÉ TE GUSTARÍA COMER?

A NAD SE LE OCURRIÓ DECIRLE QUE NO TENÍA HAMBRE, PERO NO ERA VERDAD. SE SENTÍA UN POCO MAREADO Y SE MORÍA DE HAMBRE.

¿PIZZA?

MIENTRAS CAMINABA, NAD VIO A LOS HABITANTES DEL CEMENTERIO, PERO ESTOS DEJARON PASAR AL CHICO Y A SU TUTOR SIN DECIRLES PALABRA. SOLO MIRABAN. NAD INTENTÓ DARLES LAS GRACIAS POR SU AYUDA. EXPRESARLES SU GRATITUD...

... PERO LOS MUERTOS NO DIJERON NADA.

LAS LUCES DE LA PIZZERÍA ERAN INTENSAS, MÁS DE LO QUE LE RESULTABA CÓMODO A NAD.

SILAS LE ENSEÑÓ A LEER LA CARTA...

... Y A PEDIR.

SILAS PIDIÓ UN VASO DE AGUA Y UNA ENSALADA PEQUEÑA QUE SE DEDICÓ A MOVER DE UN LADO AL OTRO CON EL TENEDOR PERO QUE EN NINGÚN MOMENTO SE LLEVÓ A LA BOCA.

NAD SE COMIÓ LA PIZZA CON LAS MANOS, Y CON ENTUSIASMO. NO HIZO PREGUNTAS. SILAS YA HABLARÍA CUANDO FUERA EL MOMENTO.

SABÍAMOS DE ELLOS... DE LAS JOTAS... DESDE HACÍA MUCHO, MUCHO TIEMPO.

DI MI PALABRA. ESTARÉ AQUÍ HASTA QUE SEAS MAYOR.

YA SOY MAYOR.

NO. CASI.

AÚN NO.

SILAS.

ESA CHICA... SCARLETT. ¿POR QUÉ ME TENÍA TANTO MIEDO?

PERO SILAS NO DIJO NADA Y LA PREGUNTA QUEDÓ EN EL AIRE, MIENTRAS EL HOMBRE Y EL CHICO SE ALEJABAN DE LAS LUCES DE LA PIZZERÍA Y SE SUMÍAN EN LA OSCURIDAD.

Y ENSEGUIDA LOS ENGULLÓ LA NOCHE.

8

La hora del adiós

Ilustraciones de P. Craig Russell, Kevin Nowlan y Galen Showman

A VECES DEJABA DE VER A LOS MUERTOS.
HABÍA EMPEZADO UN MES O DOS ANTES, EN
ABRIL O MAYO. AL PRINCIPIO ERA UNA COSA
OCASIONAL, PERO ÚLTIMAMENTE PARECÍA QUE
LE OCURRÍA CADA VEZ MÁS.

EL MUNDO ESTABA CAMBIANDO.

QUÉ RARO.

CONOZCO A ESE ZORRO DESDE QUE ERA CACHORRO.

Y ESE GATO RONDA POR EL CEMENTERIO DESDE QUE TENGO USO DE RAZÓN.

ME CONOCEN. A VECES INCLUSO ME DEJAN ACARICIARLOS.

NAD PASEÓ HASTA EL NOROESTE DEL CEMENTERIO, DONDE ESTABA LA MARAÑA DE HIEDRA QUE COLGABA DE UN TEJO, BLOQUEANDO A MEDIAS LA SALIDA DEL PASEO EGIPCIO.

SE INTRODUJO POR ENTRE LA HIEDRA, PERO...

MMF.

QUÉ RARO.

ALONZO TOMÁS
GARCIA JONES
1837-1905
Viajero, reposa tu bastón

NAD LLEVABA VARIOS MESES VISITANDO AQUEL LUGAR: ALONZO JONES HABÍA ESTADO EN TODO EL MUNDO, Y LE GUSTABA MUCHO CONTARLE A NAD ANÉCDOTAS DE SUS VIAJES. SIEMPRE EMPEZABA DICIENDO...

NUNCA ME HA OCURRIDO NADA INTERESANTE...

... Y YA TE HE CONTADO TODAS MIS ANÉCDOTAS.

SALVO QUIZÁ... ¿TE HE CONTADO AQUELLA VEZ QUE...?

NAD SIEMPRE SACUDÍA LA CABEZA Y ESPERABA, Y ENSEGUIDA LA MENTE SE LE DISPARABA CON AUDACES AVENTURAS.

AUK
AUK
AUK

HOLA, CHICO. AQUÍ CRECEN UNAS COCHINILLAS SILVESTRES. ¿POR QUÉ NO ME COGES UNAS CUANTAS Y ME LAS PONES JUNTO A LA LÁPIDA?

ASÍ LO HIZO.

LAS COLOCÓ SOBRE LA LÁPIDA DE MAMÁ SLAUGHTER, TAN QUEBRADA Y EROSIONADA QUE LO ÚNICO QUE SE LEÍA ERA...

LAUGH

... LO CUAL HABÍA CONFUNDIDO A LOS HISTORIADORES LOCALES DURANTE MÁS DE UN SIGLO.

ERES UN BUEN NIÑO. NO SÉ LO QUE HAREMOS SIN TI.

GRACIAS.

¿DÓNDE ESTÁ TODO EL MUNDO? USTED ES LA PRIMERA PERSONA QUE VEO ESTA NOCHE.

¿QUÉ TE HAS HECHO EN LA FRENTE?

ME HE DADO UN GOLPE CON LA TUMBA DEL SEÑOR JONES. ESTABA *SÓLIDA*.

YO...

NAD SE SINTIÓ DESCONCERTADO COMO
NO RECORDABA HABERLO ESTADO ANTES,
Y REGRESÓ A LA TUMBA DE LOS OWENS.
ALIVIADO, VIO QUE TANTO SU PADRE
COMO SU MADRE LE ESPERABAN.

¿POR QUÉ
ESTÁN TAN
TIESOS?

QUÉ
RARO.

BUENAS NOCHES,
NAD. ¿QUÉ TAL
ESTÁS?

NO ESTOY
MAL.

LA SEÑORA OWENS Y YO
NOS PASAMOS LA VIDA
DESEANDO TENER UN HIJO. NO
CREO QUE PUDIÉRAMOS LLEGAR
A TENER UN JOVENCITO
MEJOR QUE TÚ, NAD.

BUENO, SÍ,
GRACIAS,
PERO...

?

¿ADÓNDE
HA IDO?

AH, SÍ. BUENO, YA
CONOCES A BETSY. HAY
COSAS, HAY VECES...
BUENO, QUE NO SABES
QUÉ DECIR. ¿SABES?

NO.

CREO QUE
SILAS TE
ESTÁ ESPE-
RANDO.

Y DESAPA-
RECIÓ.

ERA MÁS DE MEDIANOCHE. NAD SE DIRIGIÓ A LA VIEJA CAPILLA. NO HABÍA NI RASTRO DE SILAS.

DIME QUE ME ECHARÁS DE MENOS, ZOQUETE.

¿LIZA?

HACE MÁS DE UN AÑO QUE NO TE VEO NI TE OIGO... DESDE LA NOCHE DE LOS CABALLEROS DE LA JOTA. ¿DÓNDE TE HAS METIDO?

HE ESTADO OBSERVANDO. ¿ES QUE UNA DAMA TIENE QUE EXPLICAR TODO LO QUE HACE?

¿OBSERVÁNDOME A MÍ?

DESDE LUEGO, LOS VIVOS DESPERDICIÁIS LA VIDA, NADIE OWENS. UNO DE NOSOTROS VIVE ALOCADAMENTE, Y NO SOY YO. DIME QUE ME ECHARÁS DE MENOS.

¿ADÓNDE VAS?

CLARO QUE TE ECHARÉ DE MENOS, VAYAS DONDE VAYAS.

DEMASIADO TONTO...

DEMASIADO TONTO PARA VIVIR.

LO BESÓ SUAVEMENTE Y ÉL SE QUEDÓ TAN TREMENDAMENTE PERPLEJO QUE NO SUPO CÓMO REACCIONAR.

HÁBLAME DE LA GUARDIA DE HONOR, SILAS. TÚ ESTÁS EN ELLA. LA SEÑORITA LUPESCU TAMBIÉN LO ESTABA.

¿QUIÉN MÁS?

¿SOIS MUCHOS?

¿QUÉ HACÉIS?

NO LO SUFICIENTE. BÁSICAMENTE PROTEGEMOS LAS FRONTERAS. PROTEGEMOS LAS FRONTERAS DE LAS COSAS.

QUIERES DECIR... ¿QUE PARÁIS A ESE TAL JACK Y SU GENTE?

HACEMOS LO QUE TENEMOS QUE HACER.

PERO HICISTEIS LO CORRECTO. O SEA, PARASTEIS A LAS JOTAS. ERAN TERRIBLES. ERAN *MONSTRUOS*.

NO SIEMPRE HE HECHO LO CORRECTO. CUANDO ERA MÁS JOVEN... HICE COSAS PEORES QUE JACK. PEORES QUE CUALQUIERA DE LAS JOTAS. QUE CUALQUIERA DE ELLOS. ERA YO EL MONSTRUO, NAD, Y PEOR QUE CUALQUIER MONSTRUO.

PERO YA NO LO ERES, ¿NO?

LA GENTE PUEDE CAMBIAR.

HA SIDO UN HONOR SER TU TUTOR, JOVEN NAD.

ESTO ES PARA TI. CÓGELO.

CONTIENE DINERO. SUFICIENTE PARA PONERTE EN MARCHA, PERO NADA MÁS.

HOY HE IDO A VER A ALONZO JONES, PERO NO ESTABA AHÍ, O SI ESTABA, NO PODÍA VERLE.

QUERÍA QUE ME HABLARA DE LUGARES LEJANOS QUE HUBIERA VISITADO. ISLAS, MARSOPAS, GLACIARES Y MONTAÑAS. LUGARES DONDE LA GENTE SE VISTE Y COME DE FORMA CURIOSA.

ESOS LUGARES SIGUEN AHÍ. HAY UN MUNDO ENTERO AHÍ FUERA. ¿PUEDO VERLO? ¿PUEDO IR?

HAY TODO UN MUNDO AHÍ FUERA, SÍ. TIENES UN PASAPORTE EN EL BOLSILLO INTERNO DE LA BOLSA. ESTÁ A NOMBRE DE NADIE OWENS. Y NO HA SIDO FÁCIL DE OBTENER.

AÚN NO HA AMANECIDO. LAS PUERTAS ESTARÁN CERRADAS.

ME PREGUNTO SI ME DEJARÁN PASAR.

¿O TENDRÉ QUE VOLVER A LA CAPILLA A BUSCAR LA LLAVE?

PERO CUANDO LLEGÓ A LA ENTRADA SE ENCONTRÓ CON QUE LA PEQUEÑA PUERTA PEATONAL ESTABA ABIERTA DE PAR EN PAR, COMO SI LE ESPERARA, COMO SI EL PROPIO CEMENTERIO SE ESTUVIERA DESPIDIENDO DE ÉL.

HOLA, MADRE.

¿YA SABES LO QUE VAS A HACER?

VER MUNDO.

METERME EN LÍOS.

SALIR DE ELLOS.

CONOCER JUNGLAS, VOLCANES, DESIERTOS E ISLAS.

Y PERSONAS...

... QUIERO CONOCER A UN MONTÓN DE PERSONAS.

LA SEÑORA OWENS NO RESPONDIÓ INMEDIATAMENTE.

PERO LUEGO SE PUSO A CANTAR UNA CANCIÓN QUE NAD RECORDABA, UNA CANCIÓN QUE HABÍA USADO PARA HACERLE DORMIR CUANDO ERA PEQUEÑO.

«DUERME MI SOL, HASTA QUE LLEGUE EL ALBOR, CUANDO SEAS MAYOR VIAJARÁS POR EL MUNDO, SI NO ME EQUIVOCO...»

NO TE EQUIVOCAS.

LO HARÉ.

«BESA A UNA CHICA, BAILA UN POQUITO, ENCUENTRA TU NOMBRE Y HAZTE RICO...»

MMM.

ENTONCES LA SEÑORA OWENS RECORDÓ LOS ÚLTIMOS VERSOS DE LA CANCIÓN, Y SE LOS CANTÓ A SU HIJO.

«AFRONTA LA VIDA, ES DOLOR, ES PLACER, NO DEJES NADA POR HACER.»

ES UN GRAN DESAFÍO, PERO HARÉ LO QUE PUEDA.

?

¿MADRE?

ESTOY MUY ORGULLOSA DE TI, HIJO MÍO.

EL CIELO DEL VERANO EMPEZABA A LLENARSE DE LUZ POR EL ESTE, Y NAD EMPRENDIÓ SU ANDADURA.

TENÍA UN PASAPORTE EN LA BOLSA Y DINERO EN EL BOLSILLO. UNA SONRISA LE BAILABA EN LOS LABIOS, AUNQUE ERA PRUDENTE, PORQUE EL MUNDO ES MUCHO MÁS GRANDE QUE UN PEQUEÑO CEMENTERIO EN LA COLINA, Y ENCONTRARÍA PELIGROS EN ÉL, Y MISTERIOS, NUEVOS AMIGOS QUE HACER Y VIEJOS AMIGOS QUE REENCONTRAR, ERRORES QUE COMETER Y MUCHOS CAMINOS QUE TOMAR ANTES DE REGRESAR, POR FIN, AL CEMENTERIO, O CABALGAR CON LA DAMA A LOMOS DE SU GRAN CABALLO GRIS.

PERO ENTRE UNA COSA Y LA OTRA, ESTABA LA *VIDA*...

... Y Nad se lanzó a ella con los
ojos y el corazón bien abiertos.

Primer volumen de la
adaptación a novela gráfica de
El libro del cementerio

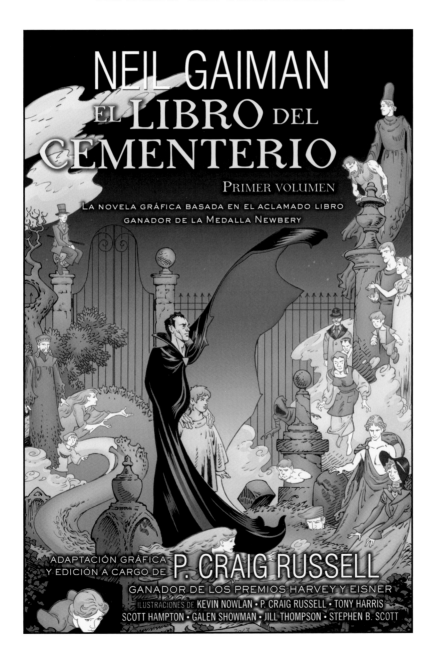

Otros títulos de

NEIL GAIMAN

*El galáctico, pirático
y alienígena viaje de mi padre*

El océano al final del camino

Interworld

*El libro del cementerio
(novela)*

Coraline

Objetos frágiles

Los hijos de Anansi

American gods

Stardust